Susanne Ahrndt

Heilkraft aus den Tropen Avocado

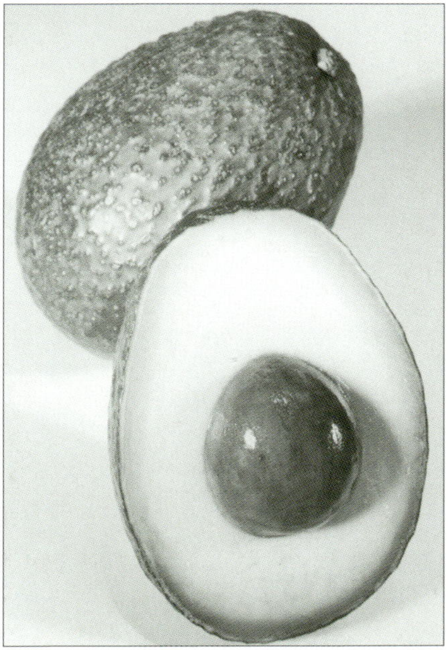

Urania

Die Deutsche Bibliothek – CIP-Einheitsaufnahme
Ein Titeldatensatz für diese Publikation ist bei Der Deutschen Bibliothek erhältlich.
ISBN 3-332-01023-9

Umschlaggestaltung: Behrend & Buchholz, Hamburg
Titelbild: Reiner Graß, Hamburg
Redaktion und Produktion: MediText, Stuttgart
Fotos: Adobe Image Library (4),
Digital Vision (2), MediText (3), Photo Alto (1),
Stockbyte (1)

Druck: Westermann Druck Zwickau
Printed in Germany
Gedruckt auf alterungsbeständigem Papier und chlorfrei gebleichtem Zellstoff

Die Schreibweise entspricht
den Regeln der neuen Rechtschreibung.

ISBN 3-332-01023-9

Die Autorin:
Susanne Ahrndt ist Ökotrophologin und arbeitet als Journalistin in München.

Zum gleichen Themenbereich im Urania Verlag erschienen:

Susanne Ahrndt: Heilkraft aus den Tropen
Papaya, ISBN 3-332-01019-0

Sonja Carlsson: Heilkraft aus den Tropen
Ananas, ISBN 3-332-01020-4

Margret Stukenbrock: Heilkraft aus den Tropen
Kiwi, ISBN 3-332-01022-0

Sonja Carlsson: Heilkraft aus den Tropen
Mango, ISBN 3-332-01024-7

Sonja Carlsson: Heilkraft aus den Tropen
Feige, ISBN 3-332-01021-2

Inhalt

Wissenswertes zur Avocado

„Butter des Waldes“ nennen die Mexikaner noch heute die Avocado wegen ihres cremig weichen Fruchtfleisches, das sich tatsächlich so leicht wie Butter streichen lässt. Ihre meist birnenförmige Gestalt hat der Frucht den Namen Avocadobirne eingebracht. Doch es gibt auch ovale oder fast kugelige Exemplare. Wie dem auch sei, schon seit Jahrtausenden wird die Avocado als wertvolles Nahrungsmittel von den Menschen in Mittelamerika geschätzt. Dort war sie aber nicht nur in der Ernährung, sondern auch in der Volksheilkunde fest verankert. Medizinisch genutzt wurden Blätter, Fruchtfleisch und Samen, wobei das Spektrum ihrer Heilwirkungen von der Heilung von Wunden bis hin zur Stärkung der Liebeskräfte reicht.

Noch vor 20 Jahren ein völliger Neuling auf dem Markt und dementsprechend unbekannt, gibt es die Avocado inzwischen im Obst- und Gemüsehandel oder im Supermarkt überall zu kaufen. Trotzdem ist die Frucht der Indianer immer noch eine echte Exotin in unserer Früchtewelt und gehört zu den Obstarten, die eher selten auf den Tisch kommen. Doch die Avocado sollte auch bei uns einen festen Stammplatz bekommen. Ihre Vielseitigkeit in der Küche verschafft immer wieder neue Genuss- und Geschmackserlebnisse, die man sich nicht entgehen lassen sollte. Abgesehen von ihrer kulinarischen Vielfalt besticht die Avocadofrucht durch ihren gesundheitlichen Wert. Und der ist enorm. Die birnenförmige Tropenfrucht enthält viele Vitamine und Mineralstoffe, insbesondere das Nervenvitamin B_6 und das Herzschutzelement Kalium. Zudem liefert das fettreiche Fruchtfleisch reichlich die einfach ungesättigte Ölsäure, deren Wert in der Vorbeugung der gefürchteten Arterienverkalkung und des Herzinfarkts erst seit relativ kurzer Zeit erkannt worden ist. Ferner gehört Avocado-Öl zu den wertvollsten

Heute sind Avocados in den subtropischen und tropischen Regionen auf allen Kontinenten der Erde heimisch. Ihr Anbau ist zwischen dem 40. nördlichen und dem 40. südlichen Breitengrad möglich. Die meisten Avocados werden auf dem amerikanischen Doppelkontinent angebaut, wobei Nord- und Mittelamerika etwa zwei Drittel der Welternte einbringen.

Ingredienzen der Naturkosmetik. Die Avocado stärkt Herz, Kreislauf und Nerven, hilft bei Frauenbeschwerden, macht uns geistig fit, hält Magen und Darm bei Laune und sorgt für Schönheit von innen und außen. Dabei gelingt es der weit gereisten Exotin auf wundersame Weise Gesundheit und Genuss unter einen Hut zu bringen.

Heimat Mittelamerika

Die Urheimat der Avocado ist Mittelamerika, wo sie seit rund 10 000 Jahren zur alltäglichen Nahrung gehört. Gräberfunde deuten darauf hin, dass die Menschen in den Hochländern Mexikos und Guatemalas schon sehr früh damit anfingen, den Avocadobaum anzubauen. Archäologen fanden im Tehuacon-Tal und Dexaca-Tal versteinerte Avocadosamen, deren Alter bis in die Zeit 8000–7000 v. Chr. zurückreicht. Offensichtlich hat es das Volk von Tehuacon bereits verstanden, gezielt große Avocadosamen für den Anbau auszuwählen. Wild wachsende Avocados sind in der Regel klein. Allerdings entstehen durch Mutationen immer wieder große Früchte mit großen Samen. Je jünger die Grabungsschichten wurden, die die Forscher untersuchten, desto größer sind die Avocadosamen geworden. Auch im Moche-Tal in Peru hat man Überreste von Avocadokernen entdeckt, die jedoch aus der Zeit von 2000 bis 1500 v. Chr. stammen.

Als die spanischen Konquistadoren zu Beginn des 15. Jahrhunderts die Reiche der Azteken und Inkas erstürmten und zerschlugen, trafen sie auf zahlreiche Avocadokulturen, die sich vom Norden Mexikos bis nach Peru erstreckten. Hernando Cortez, der Eroberer von Mexiko, bekam die Avocado von dem großen Aztekenherrscher Montezuma II. geschenkt und brachte sie 1528 als Reiseandenken für das spanische Königshaus mit. Im 16. und 17. Jahrhundert brachten die Spanier die Avocado nach Venezuela, Chile und auf die karibischen Inseln und bauten sie auch in Europa auf Madeira und den Kanarischen Inseln an.

Mehr als 40 Namen

Eine stattliche Anzahl von Namen können die hell- bis dunkelgrünen, violett bis schwarz gefärbten Früchte auf sich vereinen. Es sollen sogar mehr als 40 sein. Die Azteken nannten sie Ahuacatl, woraus über zahlreiche Verfälschungen schließlich Avocado entstanden ist. Die Spanier machten aus der aztekischen Ahuacatl die Aguacate. Die ersten englischen Einwanderer konnten das spanische Wort Aguacate aber nicht aussprechen und haben deshalb die „Alligatorbirne“ erfunden. Da die Früchte des Avocadobaums tatsächlich meistens wie eine Birne aussehen, werden sie häufig auch als Avocadobirne bezeichnet. Der Begriff Avocado ist erst im 17. Jahrhundert aufgetaucht. Von den europäischen Seeleuten wurde damals die Avocado „Midshipman's Butter“ genannt und sehr geschätzt. Kein Wunder, schließlich dürfte den Matrosen und Unteroffizieren die Avocado als eine nahrhafte Zusatzkost zu dem ansonsten kargen Schiffsproviant mehr als willkommen gewesen sein.

Eine andere häufig verwendete Bezeichnung ist Butterfrucht. Die Mexikaner haben der Avocado den Beinamen „Butter des Waldes“ verpasst. Warum das Wort „Butter“ in den volkstümlichen Namen der Avocado immer wieder auftaucht, ist unschwer zu erraten. Das weißlich bis gelblich grüne Fruchtfleisch ist von weicher und cremiger Konsistenz und lässt sich tatsächlich wie Butter aufs Brot streichen. In Südamerika wird die Avocado „Palta“ genannt. Es handelt sich hierbei um ein altes Kechua-Wort, das sich auf den Anbau der Avocado im Grenzgebiet zwischen Peru und Ecuador beim Indiostamm der Paltas bezieht.

Aphrodisiakum und Heilmittel

Für die Indianer war die Avocado wegen ihres vitamin- und fettreichen Fruchtfleisches ein wichtiger Bestandteil der Ernährung. Zugleich sprachen sie ihr aber auch heilende und sogar die Liebeskraft fördernde Kräfte zu. Um den Liebeszauber zu entfalten, wurde das Fruchtfleisch roh gegessen und der Kern geraspelt als Tee aufgebrüht. Salben aus dem Fruchtfleisch sollten helfen, Alterungsprozesse zu verlangsamen. In der indianischen Medizin hat man das Fruchtmus außerdem zur Heilung von Wunden, als Schutz vor trockener Haut durch raue Winde und als Haarwuchsmittel verwendet, das Fruchtöl zur Linderung von Flechten, die Samen gegen Ruhr und Durchfall, die Avocadoblätter gegen Fieber und die Rinde gegen Frauenleiden benutzt. Noch heute betrachten die Eingeborenen in Gua-

Für die Indianer ist die Avocado seit Jahrtausenden ein wichtiges Nahrungs- und Heilmittel zugleich.

Bei uns konnte sich die Avocado erst in den letzten 20 bis 30 Jahren einen festen Platz im Obstangebot erobern. Und die Einfuhrzahlen beweisen, die Beliebtheit der birnenförmigen Früchte hat in den letzten Jahren ständig zugenommen.

deloupe den Avocadobaum als ein Allheilmittel. So empfehlen sie Blätter und Knospen, um Schwächezustände nach einem langwierigen Fieber zu bekämpfen. In Ostasien gilt die Avocado von jeher als Mittel gegen Magen- und Darmgeschwüre und Koliken sowie in der Frauenheilkunde gegen Menstruationsstörungen.

Kleiner botanischer Steckbrief

Im Gegensatz zur weit verbreiteten Meinung ist die Avocado kein Gemüse, sondern ein Obst. Sie gehört zur Familie der Lorbeergewächse und somit zur Verwandtschaft von Kampfer und Zimt.

Der weltgrößte Avocadoanbauer ist Mexiko. 1998 wurden knapp 900 000 t geerntet. Wie vor Jahrtausenden liegen auch heute die Anbaugebiete in den subtropischen Höhenlagen des Landes.

Immergrüner Riese

Wild wachsend kann der immergrüne Avocadobaum eine Höhe von bis zu 20 m erreichen. Um aber das Handling bei Ernte, Pflege usw. zu erleichtern, schneiden die Avocadoanbauer die Bäume auf den Plantagen und lassen sie maximal nur fünf bis zehn Meter hoch werden. Auch wenn der Avocadobaum als immergrün bezeichnet wird, werfen doch manche Sorten zum Schutz vor Minusgraden in Frostgebieten ihre Blätter ab. Wie immer – Ausnahmen bestätigen auch hier die Regel! Das Holz des Avocadobaums ist sehr weich und seine Äste können leicht brechen. Deshalb müssen sie vor Wind geschützt und – wenn sie schwer und weit ausladend sind – auch abgestützt werden.

Manche Blätter duften nach Anis

Die Avocadoblätter sind oval oder elliptisch geformt, anfangs in der Farbe hellgrün und später leuchtend dunkelgrün mit helleren Blattnerven. Die Blätter der guatemaltekischen Sorten werden medizinisch genutzt. Wenn man sie zerreibt, riechen sie nur leicht nach Anis im Gegensatz zu den Blättern der mexikanischen Typen, die einen starken Anisgeruch verbreiten.

Mal männlich, mal weiblich

Einzigartig in der Pflanzenwelt ist das Blühverhalten der Avocadobäume. Die Blüten sind zwittrig, aber die männlichen und weiblichen Blütenteile sind niemals zur selben Zeit in Aktion. Bei allen Avocadobäumen gibt es zwei verschiedene Varietäten, von denen jede mit einem bestimmten Blütentyp ausgestattet ist. Man unterscheidet zwischen Blütentyp A und B, die sich zu verschiedenen Zeiten öffnen und schließen.

Blüten des Typs A öffnen sich früh am Morgen als weibliche Blüten zur Bestäubung des Fruchtknotens. Dann schließen sie sich am Nachmittag, um sich erst 24 Stunden später, also am Nachmittag des folgenden Tages, als männliche Blüten wieder zu öffnen und den Pollen freizugeben.

Beim Blütentyp B ist die Zeitspanne zwischen der männlichen und weiblichen Phase nicht so lang. Die Blüten von Typ B öffnen sich am Nachmittag, wenn sie weiblich sind, schließen sich über Nacht und öffnen sich am Morgen darauf als männliche Blüten und geben den Pollen frei.

Durch das zweiphasige Blühverhalten ist der Avocadobaum zu bestimmten Tageszeiten nur weiblich bzw. nur männlich. Mit diesem praktischen Trick ist es Mutter Natur gelungen, Selbstbefruchtung wirkungsvoll zu verhindern und eine Fremdbestäubung zu erzwingen.

Andererseits heißt das aber auch – zumindest in der Theorie –, wenn man nur einen einzelnen Baum pflanzen würde, wäre er niemals fruchtbar und könnte keine Früchte tragen. Deshalb ist es wichtig, dass in den Plantagen immer Avocadobäume mit beiden Blütentypen gepflanzt werden. Nur wenn sich die weiblichen Blüten des eines Typs gleichzeitig mit den männlichen Blüten der anderen Gruppe öffnen, ist die Bestäubung der Blüten sicher.

Natürlich gibt es auch hier wieder eine Ausnahme: Klimaveränderungen, beispielsweise niedrigere Temperaturen, können den Rhythmus so durcheinander bringen, dass die zwei Blühphasen zusammenfallen und so doch eine Selbstbefruchtung möglich wird.

Unzählige Blüten

Damit ist mit den Merkwürdigkeiten aber noch nicht Schluss. Der Avocadobaum treibt unzählige doldenartig angeordnete Blüten aus. Es sollen sogar mehr als eine Million von diesen nur millimetergroßen gelbgrünen Blüten sein.

Erstaunlich ist aber die geringe Anzahl von Früchten, die aus diesem Blütenmeer hervorgeht. Auf 5000 Blüten kommt nur eine Avocado. Der Grund: Maximal ein bis fünf Prozent der Blüten werden befruchtet. Im Durchschnitt können 50 bis 100 kg Früchte von einem Baum geerntet werden.

Kompliziert ist die Befruchtung der Avocadoblüten. Sie ändern zu bestimmten Tageszeiten ihr Geschlecht, um eine Fremdbestäubung zu garantieren. In einem ausgeklügelten Rhythmus tragen die Avocadobäume im gleichen Zeitraum entweder nur weibliche oder nur männliche Blüten.

Flexibel in der Erscheinung

Ausgesprochen vielseitig zeigen sich Avocados hinsichtlich Größe, Form und Farbe. Meistens sind sie wie eine Birne geformt. Doch es gibt auch apfel-, gurken- und pflaumenförmige Exemplare. Je nach Sorte sind die Früchte von einer hell- oder dunkelgrünen, braunroten, auberginefarbenen oder sogar schwarzen Schale umhüllt. Diese kann dünn oder dick, glatt, rau oder warzig bzw. runzelig sein. Das Fruchtfleisch, das grün, weißlich grün oder gelblich gefärbt ist, hat bei reifen Früchten eine butterweiche und cremige Konsistenz. Es enthält zu 3 bis 30 % ein dem Olivenöl ähnliches Öl.

Avocados sind bei uns das ganze Jahr über erhältlich. Von Mai bis Oktober beliefern Israel und Spanien den europäischen Markt, zwischen April und September Südafrika, Kenia und die USA. Im geringen Umfang kommen zwischen August und März noch Avocados aus Mexiko dazu.

Im Innern sitzt der hellbraune Samenkern, ein harter und ungenießbarer Stein, weshalb die Avocado häufig zu den Steinfrüchten gezählt wird. Tatsächlich handelt es sich um eine riesige Beerenfrucht. Die Früchte, die wir im Supermarkt oder Obstfachhandel bekommen, bringen im Durchschnitt 200 bis 400 g auf die Waage und sind 10 bis 15 cm lang. Tatsächlich kann aber die Tropenfrucht je nach Sortentyp über 2 kg schwer werden.

Drei Typen

Je nach Herkunft teilt man die Avocados in drei Typen ein:

- Der mexikanische Typ mit kleinen Früchten, einer dünnen, glatten Schale und dem höchsten Fettgehalt. Die Bäume sind bis –8 °C frostverträglich, die Blätter haben einen starken Anisgeruch.
- Der guatemaltekische Typ mit großen Früchten, rauer, dicker Schale, kleinem Kern und geringerem Fettgehalt.
- Der westindische Typ mit großen Früchten, dünner, glatter, lederiger Schale, großem Kern und dem geringsten Fettgehalt.

Die Zuordnung der Sorten erweist sich oft als sehr schwierig, da zwischen und innerhalb der drei Rassen gekreuzt worden ist.

Wichtige Avocadosorten

Es soll etwa 400 Avocadosorten geben, aber nur rund 20 haben tatsächlich eine Marktbedeutung. Die bekannteste und geschmacklich beste Avocado, die Sorte „Hass“, wurde 1926 durch einen glücklichen Zufall von den Kindern des Postboten Rudolph Hass in La Habra in Kalifornien gefunden. Den Stammvater der Sorte Hass, ein stattlicher Avocadobaum, kann man heute immer noch in La Habra bewundern.

Auf dem europäischen Markt werden am meisten folgende neun Sorten angeboten: Ettinger, Fuerte, Hass, Lula, Nabal, Pinkerton, Reed, Ryan und Wurtz. Die Spanier bauen vor allem die Sorten Hass und Fuerte für den deutschen Markt an. Israel liefert in größerem Umfang die Sorten Pinkerton, Nabal, Ettinger und Fuerte. Die Avocadofreunde in Europa lieben besonders die grünen Sorten.

Schneller Energiespender

Das butterweiche Fruchtfleisch der Avocado ist eine Super-Komposition von Biostoffen, die die Gesundheit ausgezeichnet fördern und schützen.

Am auffallendsten ist der hohe Gehalt an Fett, das jedoch aufgrund seiner Zusammensetzung als äußerst gesund eingeschätzt wird. Je nach Sorte kann der Fettgehalt stark schwanken, liegt jedoch gewöhnlich zwischen 15 und 30 %. Abgesehen von Oliven enthalten keine anderen Obstfrüchte so viel Fett wie Avocados. Dank ihres hohen Fettgehalts sind die birnenförmigen Tropenfrüchte hervorragende Kraftspender und bringen verbrauchte Energie im Nu zurück. 100 g Avocadofleisch liefern im Durchschnitt 221 kcal (923 kJ). Schon eine mittelgroße Frucht ist somit ein echter Energiestoß, liefert sie doch mehr als 500 Kalorien auf einmal.

Reich an ungesättigten Fettsäuren

Das Fett der Avocado ist besonders leicht verdaulich. 94 % davon kann unser Körper verwerten. Eigentlich handelt es sich beim Avocadofett um ein Öl, da es bei Zimmertemperatur flüssig ist. Viele ungesättigte Fettsäuren machen das Fett bei normaler Zimmertemperatur flüssig, viele gesättigte Fettsäuren dagegen fest. So wird zum Beispiel Kokosfett, das vor allem aus gesättigten Fettsäuren besteht, in den Tropen flüssig verladen, ist aber bei Ankunft in den europäischen Häfen fest geworden. Das Avocado-Öl besteht zum größten Teil (bis zu 80 %) aus der einfach ungesättigten Ölsäure, einer langkettigen Fettsäure aus 18 Kohlenstoffatomen und einer Doppelbindung. In den letzten eineinhalb Jahrzehnten hat sich herausgestellt, dass die Ölsäure ein

Pflanzliche Fette, die bei 20 °C fest sind, werden als Pflanzenfette bezeichnet.

Fette und Öle bestehen aus Glyzerin und Fettsäuren, die entweder gesättigt, einfach oder mehrfach ungesättigt sein können. Tierische Fette sind in Verruf geraten, weil sie zu viel gesättigte Fettsäuren und Cholesterin enthalten. Pflanzliche Öle sind reich an ungesättigten Fettsäuren, die das Arterioskleroserisiko senken.

wichtiger Gesundheitsschutz ist, der Arteriosklerose bekämpft und dadurch vor Herzinfarkt und Schlaganfall schützt.

Vergleichsweise gering, aber dennoch nennenswert ist der Gehalt an Linolsäure (6–18 %) und Linolensäure (maximal 5 %), von denen schon lange bekannt ist, dass sie eine wichtige Funktion in der Vorbeugung von Herz-Kreislauf-Krankheiten haben. Sie sind mehrfach ungesättigt und gehören zu den essenziellen (lebenswichtigen) Fettsäuren. Weil unser Körper Linol- und Linolensäure selbst nicht herstellen kann, müssen sie deshalb täglich unbedingt mit der Nahrung zugeführt werden. Fehlen diese Fettsäuren, kommt es zu typischen Mangelerscheinungen wie Hautausschlag, Wachstumsverzögerungen, gestörte Wundheilung, Blutgerinnseln und Störung in der Immunabwehr.

Zudem sind Linol- und Linolensäure am Aufbau der Eicosanoide beteiligt. Das sind hormonähnliche Substanzen, die bei Bedarf vor Ort entstehen und zahlreiche, ganz unterschiedliche biologische Funktionen regulieren, wie zum Beispiel Entzündungen, Schmerzen, Immunabwehr, Blutgerinnung oder die Verdauung. Wir brauchen täglich 10 g Linolsäure. Mit 100 g Avocadofruchtfleisch können wir ein Fünftel des Tagesbedarfs decken.

Wertvolle Sterole

Trotz des hohen Fettanteils sind Avocados frei von Cholesterin. Dafür aber enthalten sie Stoffe, von denen seit Jahrzehnten bekannt ist, dass sie den Cholesterinspiegel im Blut senken können. Die Rede ist von den Phytosterinen, die zu den unverseifbaren Anteilen des Avocado-Öls gehören. Die Phytosterine, die in der Avocado im Wesentlichen aus Beta-Sitosterol, Campesterol und Avenasterol bestehen, bieten dem Cholesterin Paroli, indem sie im Darm die Cholesterinaufnahme und in der Leber die Cholesterinbildung hemmen. In neuerer Zeit hat sich herausgestellt, dass diese Pflanzenstoffe auch zur Vorbeugung von Dickdarmkrebs beitragen können.

Die unverseifbaren Stoffe im Avocado-Öl haben einen Anteil von 2 bis 11 %. Neben den Phytosterinen zählen dazu lineare Kohlenwasserstoffe, Terpenalkohole und Squalen. Auf den unverseifbaren Anteilen in der Avocado beruhen die kosmetischen Wirkungen des Avocado-Öls, insbesondere seine regenerierenden Eigenschaften.

Mehr Eiweiß als alle anderen

Auch wenn das Fett bis zu 80 % der Kalorien ausmacht, warten Avocados mit einer beachtlichen Menge an Eiweiß auf. Innerhalb der Früchtewelt haben sie sogar den höchsten Eiweißgehalt zu bieten. Er schwankt zwischen 2 und 4 %. Aber nicht nur die Menge macht das Avocadoeiweiß so wertvoll, sondern auch seine Zusammensetzung.

Das Eiweiß liefert alle zehn lebenswichtigen Aminosäuren, auf deren Zufuhr unser Organismus angewiesen ist. Aminosäuren sind die Bausteine der Eiweiße. Die Eiweiße oder Proteine wiederum sind ein wichtiger Baustoff unserer Zellen. Außerdem bestehen zahlreiche Wirkstoffe, ohne die die Lebensvorgänge in unserem Körper nicht ablaufen könnten, aus Eiweiß.

Wenig Zucker

Avocados enthalten sehr wenig Zucker, nur bis 3 %. Der niedrige Zuckergehalt macht die Tropenfrucht auch für Diabetiker interessant.

Reich an Vitamin B

Avocados sind eine hervorragende Quelle für die Vitamine des B-Komplexes. Sie gehören zu den Spitzenreitern in der Welt der Früchte, was den Gehalt an Pantothensäure (Vitamin B_5) und Pyridoxin (Vitamin B_6) anbetrifft. Beachtlich sind auch die Mengen an Vitamin B_1 (Thiamin), Vitamin B_2 (Riboflavin), Niacin, Folsäure und Biotin.

Pantothensäure spielt als Bestandteil von Coenzym A eine zentrale Rolle in unserem Stoffwechsel. Sie ist unentbehrlich für die Energiegewinnung und zum Aufbau von Fettsäuren, Cholesterin und Steroidhormonen wie zum Beispiel dem Stresshormon Cortisol. Ferner brauchen wir das Vitamin zur Bildung des roten Blutfarbstoffs, zur Synthese von Antikörpern und einigen Neurotransmittern (Nervenreizstoffen) wie Acetylcholin, zur Heilung von Wunden. für eine gesunde Haut und Fülle und Farbe unserer Haare. In 200 g Avocadofleisch steckt ein Drittel der pro Tag notwendigen Menge an Pantothensäure.

Pantothensäure hilft uns, mit starkem Stress, körperlichen Belastungen oder Entzündungen besser fertig zu werden.

Zahlreiche Beschwerden wie Appetitlosigkeit, Verdauungsstörungen (Mangel an Magensäure, Durchfall), Herzstörungen, Müdigkeit, Depressionen, stressbedingte Kopfschmerzen, Nervenschwäche, Konzentrationsmangel oder Schlafstörungen können durch einen leichten Mangel an Vitamin B_1 verursacht werden.

Vitamin B_6 oder Pyridoxin ist wichtig für die Energiegewinnung und an fast 100 Enzymreaktionen in unserem Körper beteiligt, in erster Linie im Eiweißstoffwechsel, spielt aber auch eine wichtige Rolle im Fett- und Kohlenhydratstoffwechsel. Ferner ist es für zahlreiche Funktionen des Körpers unentbehrlich, zum Beispiel für die Bildung der roten Blutzellen, die Aufrechterhaltung des Blutzuckerspiegels, die Synthese von Neurotransmittern wie etwa Serotonin, die Umwandlung von Tryptophan zu Niacin (Vitamin B_3), die Aufnahme von Vitamin B_{12}, die Bildung von Histamin oder für die Produktion von Magensäure. Das Vitamin sorgt für schöne Haut und Haare, gesunde Nerven und ein starkes Immunsystem.

Schon 200 g Avocadofleisch decken bei Männern 55 %, bei Frauen 62 % des Tagesbedarfs an Vitamin B_6.

Vitamin B_1, auch Thiamin genannt, braucht unser Körper, insbesondere unser Nervensystem, zum Abbau von Kohlenhydraten. Mithilfe von Thiamin wird der Nervenreizstoff Acetylcholin gebildet, der unser Gehirn in Schwung hält und unser Gedächtnis und Erinnerungsvermögen, unsere Konzentrationsfähigkeit und positive Lebenseinstellung stärkt. Ferner ist es wichtig für die Funktion der Muskulatur von Herz, Magen und Darm und für den Abbau von Alkohol. Eine 200-g-Portion Avocado liefert für Männer 12 %, für Frauen 14 % des täglichen Bedarfs an Vitamin B_1.

Vitamin B_2 oder Riboflavin ist Bestandteil der so genannten Flavinenzymen und damit in allen Zellen der Motor für die Energieproduktion aus Kohlenhydraten, Fetten und Aminosäuren. Wir brauchen das Vitamin außerdem für die Bildung des roten Blutfarbstoffs, für scharfes Sehen, für gesunde Haut und Schleimhäute sowie für schöne Fingernägel und Haare. Ferner fördert das Vitamin das Wachstum und ist daher gerade für Kinder besonders wichtig. 200 g Avocadofleisch enthalten für Frauen 20 % und für Männer 18 % der Tagesration an Vitamin B_2. Avocados sind eine wichtige Riboflavinquelle für alle, die sich streng vegetarisch ernähren und auf Fleisch, Fisch, Eier, Milch und Milchprodukte verzichten.

Niacin oder Vitamin B_3 hat eine zentrale Bedeutung bei der Energiegewinnung. Es ist an mehr als 200 Enzymreaktionen beteiligt und entfacht die Verbrennung von Eiweiß-, Fett- und Kohlenhydratmolekülen in den Zellen unseres Körpers. Darüber hinaus hat dieses Vitamin eine Reihe weiterer Aufgaben zu erfüllen und ist zum Beispiel unabdingbar für ein gut funktionierendes Gehirn und Nervensystem, für eine gesunde Haut, für die Bildung der roten Blutkörperchen oder zur Synthese von verschiedenen Hormonen wie Insulin, Thyroxin und Kortison. 200 g Avocadofleisch liefern Männern 12 % und Frauen 15 % der täglich erforderlichen Menge an Niacin.

Folsäure ist lebenswichtig für den Aufbau der Erbsubstanz sowie für die Zellteilung und Zellneubildung. So wird sie besonders für die Bildung der roten und weißen Blutkörperchen sowie der Schleimhäute benötigt. Die meisten von uns sind mit Folsäure nur schlecht versorgt. Die Unterversorgung macht sich durch Müdigkeit, Schlappheit, aber auch Zerstreutheit, Vergesslichkeit, Reizbarkeit und vermutlich sogar durch Depressionen bemerkbar. Schließlich kann es zu Blutarmut, Entzündungen der Mundschleimhaut und Verdauungsstörungen mit Durchfall kommen, Folsäure sorgt für gesunde Blutgefäße, indem es den Abbau der giftigen Aminosäure Homcystein, die laufend im Stoffwechsel entsteht, fördert. Zu hohe Homcysteinwerte werden heute genauso wie ein zu hoher Cholesterinspiegel für die Entstehung von Arteriosklerose verantwortlich gemacht. In der Schwangerschaft ist der Bedarf an Folsäure doppelt so hoch. Ein Mangel kann zu Früh- oder Fehlgeburten, aber auch zu schweren Missbildungen beim ungeborenen Kind, wie der offene Rücken, führen. In 200 g Avocadofleisch stecken 40 % der empfohlenen Tagesration an Folsäure.

Biotin hat vielseitige Aufgaben im Stoffwechsel zu erfüllen. Unter anderem ist es notwendig für die Synthese von Fettsäuren und Kohlenhydraten und gilt als Wachstumsfaktor. Biotin sorgt für schöne Haut, Haare und Fingernägel. Bei einer schlechten Versorgung mit diesem Vitamin lassen Haarausfall, Schuppen, splitternde Fingernägel oder Probleme mit trockener oder fettiger Haut nicht lange auf sich warten. Von einer gesunden Darmflora wird Biotin in ausreichenden Mengen produziert. Bei Störungen ist jedoch die Zufuhr durch biotinreiche Lebensmittel wichtig. 200 g Avocado-Fruchtfleisch liefern bis zu zwei Drittel des Tagesbedarfs an Biotin.

Neben den B-Vitaminen enthalten Avocados auch reichlich Vitamin K

Folsäure wird auch Schwangerschaftsschutzvitamin genannt. Wichtig ist, dass Frauen, die sich ein Baby wünschen, schon vor Beginn der Schwangerschaft auf eine gute Versorgung mit Folsäure achten. Als Lieferanten kommen neben Avocados auch Feldsalat, Spinat, Rosenkohl, Brokkoli und Backwaren aus Vollkornmehl infrage.

und nennenswerte Mengen an Vitamin E und Vitamin C.

Vitamin K ist wichtig für die Blutgerinnung. Nur durch Resorptionsstörungen im Darm kann ein Vitamin-K-Mangel hervorgerufen werden. Als Folge davon gerinnt das Blut dann langsamer und es kann leichter zu Blutungen kommen. Mit 200 g Avocadofleisch wird der Tagesbedarf an Vitamin K bei Männern zur Hälfte und bei Frauen zu 60 % gedeckt.

Vitamin E kommt in der Avocado nicht gerade in besonders großen Mengen vor. Der Vitamin-E-Gehalt der Avocado genügt aber, um die wertvollen mehrfach ungesättigten Fettsäuren im Fruchtfleisch vor der Oxidation durch freie Radikale und damit vor dem Ranzigwerden zu schützen.

Vitamin C, auch Askorbinsäure genannt, ist in vielen Obst- und Gemüsearten enthalten Die Avocado gehört mit 13 mg pro 100 g Fruchtfleisch nicht zu den Spitzenlieferanten von Vitamin C. Dennoch ist die Kombination in der Avocado aus Vitamin C und Folsäure sehr wertvoll, da beide Vitamine die Resorption von Eisen verbessern. Deshalb unterstützen Avocados bei Blutarmut die Behandlung mit einem Eisenpräparat.

Avocados sind wie Bananen, Aprikosen oder Trockenobst ausgezeichnete Kaliumlieferanten. Wichtig für Menschen mit Bluthochdruck: Eine kaliumreiche Ernährung wirkt blutdrucksenkend.

Wertvolle Kaliumquelle

Avocados sind ausgesprochen reich an Kalium, sie liefern außerdem aber auch die Mineralstoffe und Spurenelemente Magnesium, Phosphor, Kalzium, Eisen, Kupfer, Zink und Mangan. Kalium reguliert den Flüssigkeitshaushalt, aktiviert eine Reihe von Enzymen und ist für die Funktion von Nerven und Muskeln sowie für das Säure-Basen-Gleichgewicht unentbehrlich. Schon 200 g Avocadofleisch decken die Hälfte der täglich notwendigen Menge an Kalium.

Magnesium aktiviert 300 Enzyme und ist für die Weiterleitung von Nervenimpulsen auf die Muskelzellen und die Muskelkontraktion notwendig. Eine Avocado-Portion von 200 g versorgen Männer mit 16 % und Frauen mit 19 % der täglich notwendigen Menge an Magnesium.

Phosphor ist wichtig für den Aufbau von Knochen und Zähnen, zur Aktivierung von Enzymen, zur Energiegewinnung und als Baustein der Erbsubstanz. Kalzium ist unentbehrlich für den Aufbau von Knochen und Zähnen und für die Blutgerinnung, leitet Nervenimpulse auf Muskelzellen und aktiviert einige Enzyme.

200 g Avocadofleisch liefern von der Tagesration an Phosphor 5 % und von der an Kalzium 2 %.

Eisen ist als Bestandteil des roten Blutfarbstoffs – es ist auch für die Farbe unseres Blutes verantwortlich – und für den Sauerstofftransport im Blut unentbehrlich. Mit 200 g Avocado-Fruchtfleisch können Frauen ihren Tagesbedarf an Eisen zu 8 % und Männer zu 12 % decken.

Kupfer ist für die Bildung der roten Blutkörperchen wichtig.

Zink hat als Bestandteil von mehr als 200 Enzymen vielfältige Aufgaben zu erfüllen. Es ist wichtig zur Stabilisierung von Zellmembranen und zur Insulinspeicherung. Ein Mangel an diesem essenziellen Spurenelement hemmt das Wachstum, verzögert die Wundheilung, schwächt die Immunabwehr und führt zu Hautveränderungen.

Mangan braucht unser Körper zum Aufbau von Knochen, Knorpeln und Bindegewebe. Mangan ist Bestandteil einiger Enzyme, es ist wichtig für den Kohlenhydratstoffwechsel und zur Bildung von Blutgerinnungsfaktoren. Eine 200-g-Portion Avocado deckt den täglichen Bedarf an Kupfer zu 16 %, an Zink zu 5 % und an Mangan zu 7 %.

Die Inhaltsstoffe der Avocado[1]

Energiegehalt	*222 kcal (923 kJ)*
Wasser	*66 g*
Eiweiß	*1,9 g*
Fett	*23,5 g*
mehrfach ungesättigte Fettsäuren	*2 g*
Kohlenhydrate	*0,4 g*
Ballaststoffe	*6,3 g*
Kalium	*503 mg*
Magnesium	*29 mg*
Natrium	*3 mg*
Kalzium	*10 mg*
Phosphor	*38 mg*
Eisen	*0,6 mg*
Kupfer	*0,225 mg*
Zink	*0,41 mg*
Mangan	*0,160 mg*
Vitamin B_1	*0,08 mg*
Vitamin B_2	*0,15 mg*
Niacin	*1,1 mg*
Vitamin B_6	*0,5 mg*
Biotin	*0,01 mg*
Pantothensäure	*1,1 mg*
Folsäure	*0,03 mg*
Vitamin C	*13 mg*
Vitamin E	*1,3 mg*
Vitamin K	*0,02 mg*

1) Angaben jeweils bezogen auf 100 g essbaren Anteil

Avocados sind fett-, vitamin- und mineralstoffreich. Sie sind insbesondere eine vorzügliche Quelle für Ölsäure, B-Vitamine und Kalium.

Avocados für Gesundheit und Schönheit

Es gibt viele gute Gründe, Avocados so oft wie möglich auf den Tisch zu bringen. Sie sind echte Multitalente in Sachen Gesundheit. Wer sich zur Regel macht, regelmäßig eine halbe bis ganze Avocado täglich zu verzehren, wird bald feststellen, dass er sich wohler und frischer fühlt. Die birnenförmigen Früchte sind eine vorzügliche Ergänzung einer vollwertigen Ernährung und zugleich starke Gesundheitsschützer und -förderer.

Nahrung für die Nerven

Eine gelungene Mixtur von Vitaminen des B-Komplexes, insbesondere Vitamin B_6, sowie von Mineralstoffen und mehrfach ungesättigten Fettsäuren machen die „Butter des Urwaldes" zu einer empfehlenswerten Kraftnahrung für unsere Nerven. Hektik, Stress, Reizüberflutung, Termindruck und übervolle Terminkalender kennzeichnen heute unseren Alltag. Betroffen sind nicht nur die Erwachsenen, sondern häufig auch schon Kinder und Jugendliche, die neben einem randvollen Stundenplan in der Schule zahlreiche Aktivitäten in der Freizeit zu absolvieren haben.

Kommen Körper und Seele aber nie so recht zur Ruhe, gönnen wir uns nicht die wohlverdiente Erholung und schlafen wir ständig zu wenig, bleiben Gesundheitsstörungen nicht aus. Irgendwann kann unser Körper die permanenten seelischen und körperlichen Strapazen nicht mehr verkraften, dann machen sich Müdigkeit, Erschöpfung und Gefühle der ständigen Überlastung und Überforderung breit. Kein Wunder, dass dann auch unser Stimmungsbarometer in den Keller sinkt. Neben einer Durch-

Die schlaffördernde Wirkung der Avocado ist ebenfalls auf das Vitamin B_6 zurückzuführen. Unser Gehirn braucht Vitamin B_6, um aus Tryptophan den Neurotransmitter Serotonin zu bilden, der dann wiederum in der Zirbeldrüse in das Schlafhormon Melatonin umgebaut wird.

forstung unseres Tagesablaufs und -rhythmus inklusive des Einbaus von angemessenen Erholungsphasen können Avocados wertvolle Hilfe leisten. Schon in der mexikanischen Volksmedizin wird bei Schwäche und Antriebslosigkeit eine Avocadokur empfohlen. Zweimal täglich, jeden Morgen und jeden Abend, wird zur Stärkung der Kräfte eine ganze Avocadofrucht gegessen. Keine Angst, eine Kur mit Avocados ist alles andere als eintönig. Wie man sich die Avocado schmecken lassen kann, erfahren Sie im Rezeptteil.

Ein anderes weit verbreitetes Übel unser Zeit ist die Nervosität. Zahlreich sind die Beschwerden, die daraus entstehen können, wie vorzeitige Erschöpfung, Herzrasen, innere Unruhe, Magendruck, Verdauungsstörungen oder Spannungskopfschmerzen. Aufgrund ihres hohen Gehalts an B-Vitaminen, den Nervenvitaminen, vor allem an Vitamin B_6, üben Avocados eine beruhigende Wirkung auf unsere Nerven aus. Die Tropenfrüchte sind ein wohlschmeckendes Beruhigungsmittel, allerdings ohne jegliche Nebenwirkungen, weshalb es durchaus regelmäßig „eingenommen" werden darf. Das gilt übrigens auch bei Schlaflosigkeit. Regelmäßig eine Avocado ist auf jeden Fall besser, als fortwährend Schäfchen zu zählen.

Geistig fit mit Avocados

Avocados sollten keinesfalls im Speisezettel fehlen, wenn man viel geistig arbeitet. Gleichgültig, ob man sich auf Klausuren vorbereitet oder einen längeren Vortrag ausarbeitet, die Tropenfrüchte sind als Doping erlaubt. Sie bringen unser Gedächtnis in Schwung, fördern Konzentration und Lernfähigkeit. Die B-Vitamine, aber auch die Mineralstoffe Kalium, Kalzium und Magnesium stärken die Nervenfunktion, sodass die Nervensignale und damit die Informationen von Gehirnzelle zu Gehirnzelle besser übertragen werden. Auch die beiden lebenswichtigen mehrfach ungesättigten Fettsäuren, die Linol- und Linolensäure, unterstützen unsere geistige Fitness. Sie sind für die Abspeicherung von Lerninhalten im Langzeitgedächtnis unentbehrlich.

Cholesterin senken mit Avocados

Ernährungsexperten empfehlen heute eine fettarme Ernährung, bei der durch Auswahl von fettarmen Fleisch, Wurst, Milch und Käse die versteckten Fette in tierischen Lebensmitteln reduziert werden sollen. Tierische Fette enthalten zu viele gesättigte Fettsäuren und auch Cholesterin. Beide Stoffe lassen den Cholesterinspiegel im Blut ansteigen und damit das Risiko einer Arteriosklerose. Entgegengesetzt wirken Pflanzenöle aufgrund ihres hohen Gehalts an ungesättigten Fettsäuren.

Seit langem ist die cholesterinsenkende Wirkung der zweifach ungesättigten Linolsäure bekannt. In neuerer Zeit hat sich gezeigt, dass auch die einfach ungesättigte Ölsäure dem Cholesterin Paroli bieten kann. Wie Olivenöl ist das Avocado-Öl reich an Ölsäure. Es war tatsächlich der hohe Olivenölkonsum und die niedrigeren Herzinfarktraten der Mittelmeerländer, die die Forschung auf die Schutzwirkung der Ölsäure brachten. Studien zeigen, dass Avocados einen positiven Effekt bei Hypercholesterinämie haben.

Mexikanische Forscher stellten fest, dass das Profil der Blutfette bei gesunden Menschen und solchen, die einen leicht erhöhten Cholesterinspiegel haben, durch eine avocadoreiche Diät verbessert werden kann. Australische Kardiologen machten die erstaunliche Beobachtung, dass ein bis eineinhalb Avocados täglich das Cholesterin besser senken als eine kohlenhydratreiche, fettarme Ernährung. Nach drei Wochen sank der Cholesterinwert bei der Avocadodiät um 8,2 %, bei der fettarmen Diät um 4,9 %. Die Avocados senkten in erster Linie das schädliche LDL-Cholesterin. Durch die fettarme Diät wurde jedoch vor allem das gute HDL-Cholesterin gesenkt.

Obwohl Avocados fetthaltig sind, können sie den Cholesterinspiegel positiv beeinflussen. Der Grund: der hohe Anteil an einfach ungesättigter Ölsäure.

Was heißt HDL und LDL?

Im Vergleich zu den mehrfach ungesättigten Fettsäuren soll die einfach ungesättigte Ölsäure nur das „böse" LDL-Cholesterin (= Low Density Lipoproteins) senken, das „gute" HDL-Cholesterin (= High Density Lipoproteins) nicht beeinflussen. LDL- und HDL-Cholesterin sind zwei unterschiedliche Transportformen, mit denen das Cholesterin im Blut transportiert wird. Wissenschaftler sehen die HDL-Partikel als positiv an, weil sie überschüssiges Cholesterin von den Zellen über das Blut zur Leber hinbefördern. Dort wird es schließlich zu Gallensäuren abgebaut, über Galle und Darm aus dem Körper hinausbefördert.

Die LDL-Partikel, die das Cholesterin von der Leber durch den Körper zu den Zellen bringen, werden als negativ eingestuft, weil sie sich im Blut sammeln und zu schädlichen Ablagerungen an den Gefäßwänden bis hin zur völligen Verstopfung des betroffenen Gefäßes führen können. Im schlimmsten Fall kommt es dann zu einem Herzinfarkt oder im Gehirn zum Schlaganfall.

Den Druck vom Blut nehmen

Avocados können als herausragende Quelle von Kalium bei Vorbeugung und Therapie von Bluthochdruck und Herzrhythmusstörungen sowie bei der Prävention von Schlaganfällen unterstützend wirken.

Höchst kompliziert ist die Regulation des Blutdrucks, an der zahlreiche Hormonsysteme, das Nervensystem und eine Reihe von Mineralstoffe beteiligt sind. So treibt zum Beispiel Kochsalz, also Natriumchlorid, bei empfindlichen Menschen den Blutdruck in die Höhe. Die Liga zur Bekämpfung des hohen Blutdrucks empfiehlt dementsprechend, bei Bluthochdruck nicht mehr als 6 g Kochsalz pro Tag zu sich zu nehmen.

Kalium gehört ebenfalls zu den Mineralstoffen, die einen deutlichen Einfluss auf den Blutdruck haben, allerdings in der umgekehrten Richtung. Kalium wirkt blutdrucksenkend. Bei Kalium wird nach dem Informationsdienst Bluthochdruck von einem Nutzen von mehr als 3 g täglich ausgegangen.

Avocados gehören unter den Kaliumlieferanten zu den Spitzenreitern. Pro 100 g Fruchtfleisch liefern sie rund 500 mg Kalium. Mit einer 200-g-Portion Avocado nehmen Sie somit bereits ein ganzes Drittel der zur Blutdrucksenkung notwendigen Tagesration an Kalium auf. Der Mineralstoff hilft den Blutdruck zu senken, weil es auf natürliche Weise entwässernd wirkt. Als Gegenspieler von Natrium kann es den Körper unterstützen, überschüssiges Wasser und Natrium loszuwerden. Vermutlich kann sogar eine zu niedrige Kaliumzufuhr die Entstehung von Bluthochdruck begünstigen.

Doch Kalium hat auch in puncto Schlaganfall-Vorbeugung einiges zu bieten. Die Harvard Medical School in Boston, USA, führte über 20 Jahre hindurch eine groß angelegte Untersuchung mit fast 1000 Männern im Alter von 45 bis 65 Jahren durch. Das Ergebnis: Das Schlaganfall-Risiko reduzierte sich statistisch gesehen um 23 %, wenn die Anzahl der Obst- und Gemüsemahlzeiten täglich um drei erhöht wurde. Die Forscher führten den Schutzeffekt auf den hohen Kaliumgehalt zurück. Auch Tierversuche deuten darauf hin, dass Kalium, abgesehen von seiner blutdrucksenkenden Wirkung, das Schlaganfallrisiko senken kann.

Höchstwahrscheinlich senkt Kalium nicht nur den Blutdruck, sondern beugt Gehirnblutungen vor, indem es dafür sorgt, dass die Gefäßwände elastisch und funktionstüchtig bleiben. Nehmen wir zu wenig Kalium mit der Nahrung auf, kann es auch zu Herzrhythmusstörungen kommen. Kalium normalisiert den Herzschlag und wird deshalb auch als Herzschutzelement bezeichnet.

Hilfe für Magen und Darm

Avocados lindern Magenbeschwerden und regulieren die Verdauung. Ungelöste Probleme, Dauerstress, zu hektisches und zu heißes Essen, aber auch zu viel Kaffee, Nikotin oder Alkohol nimmt unser Magen übel. Er wird im wahrsten Sinne des Wortes „sauer" und reagiert mit saurem Aufstoßen und Sodbrennen, aber auch mit Übelkeit, Druck- und Völlegefühl, Magenschmerzen und -krämpfen. Avocados sind in zweifacher Hinsicht eine Wohltat für unseren Magen. Sie schützen ihn vor Übersäuerung, indem sie die überschüssige Magensäure neutralisieren.

Gleichzeitig sorgen Avocados durch Vitamin B_6, aber auch Vitamin B_1 und B_2 für eine gut funktionierende Magenschleimhaut und verbessern die Bildung von Magensäure und damit die Eiweißverdauung – wichtig für Menschen, die an einem Mangel an Magensäure leiden. Aller guten Dinge sind aber drei: Aufgrund ihrer günstigen Wirkungen auf den Magen können Avocados auch helfen, der Bildung von Magengeschwüren vorzubeugen.

Avocados üben einen Zweifachschutz für den Magen aus. Sie schützen vor Sodbrennen und sorgen für eine gesunde und gut funktionierende Magenschleimhaut.

Verstopfung

Zu den häufigsten Beschwerden gehört die Verstopfung oder die Obstipation. Lästige Begleiterscheinungen können Bauchschmerzen, gespannter Bauch, Völlegefühl oder auch Blähungen sein. Gerade junge Frauen neigen dazu, vorschnell Abführmittel zu nehmen. Dabei besteht allerdings die große Gefahr, dass bei längerem Gebrauch der gesamte Regulationsmechanismus gestört wird und die Verdauung dann schließlich

Von allen Obstarten enthalten Avocados das meiste Vitamin B_6. Frauen, die mit prämenstruellen Beschwerden kämpfen oder die Antibabypille einnehmen, sollten besonders auf eine ausreichende Versorgung mit Vitamin B_6 achten.

nur noch mithilfe dieser Laxanzien funktioniert.

Übrigens ist es in den Augen der Mediziner immer noch normal, wenn der Gang zur Toilette für das große Geschäft auch nur im Abstand von zwei bis drei Tagen stattfindet oder es sogar nur zu zwei Entleerungen in der Woche kommt. Die häufigste Ursachen für Verstopfung sind Fehler in der Ernährung. Natürlich muss aber abgeklärt werden, ob der Darm ansonsten gesund ist.

Eine Ernährung, bei der ballaststoffreiche Getreideprodukte (Vollkornbrot, Müsli), Obst und Gemüse zu kurz kommen, machen den Darm träge. Allerdings spielt auch unsere Lebensführung eine große Rolle wie Stress, Zeitmangel, Arbeitsdruck oder seelische Belastungen. Und natürlich kann auch eine Reise den Darm aus dem Trab bringen, sodass er erst dann wieder richtig funktioniert, wenn er sich akklimatisiert hat.

Avocados helfen bei Darmträgheit. Inhaltstoffe der Tropenfrüchte sind eine hervorragende Mixtur, die die Verdauung anregen. So ist zum Beispiel das Kalium als Bestandteil der so genannten Natrium-Kalium-Pumpe wichtig für das Funktionieren der Muskeln und damit auch der Darmmuskeln. Mexikaner löffeln die Avocadohälften einfach aus oder essen sie als würzige Guacamole.

Nahrungsergänzung speziell für Frauen

Vor allen Frauen sollten Avocados aufgrund ihres hohen Vitamin-B_6-Gehaltes einen festen Stammplatz im Speiseplan einräumen. Vitamin B_6 ist für Frauen besonders wichtig, wenn sie die Antibabypille einnehmen, oder in und um die Tage der Periode herum. Wegen seiner herausragenden Bedeutung für den weiblichen Organismus wird das Vitamin B_6 im Englischen auch als „women's vitamin“, also Frauenvitamin, bezeichnet.

Die Pille als Vitamin-B_6-Räuber

Pyridoxin ist ein unentbehrlicher Partner im Stoffwechsel der Aminosäuren, der Bausteine der Eiweiße. Doch das Vitamin ist nicht weniger wichtig für den Zuckerstoffwechsel (Glukosestoffwechsel). Glukose wird in Form von Glykogen in der Leber und den Muskeln gespeichert und bei

Bedarf an das Blut abgegeben. Bei einem Mangel an Pyridoxin ist jedoch eine bedarfsgerechte Freigabe von Glukose nicht mehr möglich. Wenn aber zu wenig Glukose im Blut ist, bekommen unsere Milliarden von Nervenzellen nicht genug von dem Nerven-Kraftstoff Glukose. Als Folge sind die Nerven nicht mehr fit genug für ihre zahlreichen Aufgaben und „nerven" uns mit einer Vielzahl von psychischen Störungen.

Einer der größten Vitamin-B_6-Räuber ist die Antibabypille. Schon drei Stunden nach Einnahme der Pille fällt der Pyridoxinspiegel im Blut um bis zu einem Fünftel. Vom Vitamin-B_6-Mangel sehr stark betroffen sind auch Frauen in der prämenstruellen Phase, also ab etwa einer Woche vor der Regelblutung. Als Folge stellen sich Nervosität, Gereiztheit, Verstimmungen und Schlafstörungen ein. Auch zu Wasseransammlungen im Gesicht, an den Händen und Beinen und am Bauch kann es infolge des Mangels kommen, da Pyridoxin bei der Aufrechterhaltung des Natrium-Kalium-Gleichgewichts in unseren Körperflüssigkeiten mitwirkt. Das Vitamin B_6 in der Avocado kann somit bei Frauenproblemen eine wertvolle Hilfe leisten.

Doch Avocados helfen nicht nur, dass unser Nervenkostüm vor und während der Periode intakt ist und bleibt, sondern lindern auch die Schmerzen während der Regelblutung. Leiden Sie Monat für Monat an heftigen Unterleibsschmerzen, wird empfohlen, in diesen Tagen zweimal täglich eine Avocado zu essen. Natürlich sollten Sie unbedingt aber auch abklären lassen, ob es nicht irgendwelche organische Ursachen für das allmonatliche Übel gibt.

Schutz vor grauem Star

Geringer Obst- und Gemüseverzehr erhöht erwiesenermaßen das Risiko, einen grauen Star oder Katarakt zu bekommen. Bei einem Katarakt bildet sich ein Schleier auf der Linse. Es kommt zu Farbveränderungen und Eintrübungen der Linse, was nicht nur das Sehvermögen deutlich verschlechtert, sondern sogar zur Erblindung führen kann.

Viele ältere Menschen sind von dieser Augenkrankheit betroffen. Verursacht wird der Katarakt durch freie Radikale, die die Linse durch Oxidation schädigen. Diese aggressiven Sauerstoffverbindungen entstehen durch

Um Migräneattacken, die vor und während der Periode auftreten, vorzubeugen oder auch Übelkeit und Erbrechen während der Schwangerschaft zu lindern, werden häufig Vitamin-B_6-Präparate eingesetzt.

Substanzen, die im Zellversuch das Tumorwachstum hemmten, konnten sowohl in den Blättern als auch in unreifen Avocadofrüchten isoliert werden.

die Einwirkung des UV-Lichts der Sonne. Ein hoher Verzehr von Obst und Gemüse wirkt der Entstehung des grauen Stars entgegen oder verzögert sie zumindest. Der Grund wird in der hohen Zufuhr an oxidationshemmenden Substanzen, so genannten Antioxidanzien, gesehen. Dazu gehören Vitamin C und Betakarotin, aber auch Glutathion.

Wissenschaftliche Forschungen haben ergeben, dass bei Katarakten in der Linse ein Mangel an diesem Antioxidans besteht. Deshalb nimmt man an, dass zu niedrige Glutathionspiegel die Entstehung eines Katarakts fördern. Glutathion ist weit verbreitet in der Obst- und Gemüsewelt. Wichtige Glutathionlieferanten sind unter anderem Spargel und Orangen, aber auch Avocados.

Krebsschutz

In den Blättern von Avocadobäumen haben Wissenschaftler Substanzen isoliert, die im Reagenzglas das Wachstum von menschlichen Tumorzellen bekämpften und darüber hinaus sogar Wirkstoffe, die einer anderen Geißel der Menschheit, dem HIV-Virus, Paroli bieten. Doch auch in der Frucht stecken selbst offensichtlich krebsschützende Substanzen. Aus der unreifen Avocadofrucht konnten Wissenschaftler bioaktive Verbindungen isolieren, die alle das Wuchern von Zellkulturen von sechs menschlichen Tumoren stoppten. Von zwei dieser Substanzen ist von früheren Untersuchungen bekannt, dass sie gegen Pilze und Bakterien wirksam sind und der unreifen Avocadofrucht ihren bitteren Geschmack geben.

Linderung bei Osteoarthritis

Möglicherweise ist die Avocado eine wertvolle Hilfe bei Linderung einer schmerzhaften Gelenk-Knochen-Entzündung.

Neueste Forschungen deuten jedenfalls darauf hin. Als wirksam gegen Osteoarthritis hat sich eine Kombination aus dem Unverseifbaren im Avocado- und Sojabohnenöl erwiesen. Das Unverseifbare aus diesen beiden Ölen ist ein langsam wirksames Medikament, das jedoch auf Dauer die Schmerzen reduziert, den Konsum von Schmerzmitteln verringert und die Beweglichkeit fördert. Vor allem Patienten, die an der Hüfte erkrankt sind, scheinen einen Nutzen aus einer Behandlung mit der Unverseifbaren-Mixtur aus Avocado- und Sojabohnenöl zu ziehen.

Avocado für die Schönheit

Das fette Öl der birnenförmigen Avocadofrüchte gehört zu den kostbarsten Ingredienzen der Naturkosmetik. Die positiven Wirkungen des gelblichen Öls lassen sich in drei Punkten zusammenfassen:

- Avocado-Öl schützt die Haut vor Austrocknung.
- Avocado-Öl pflegt die Haut, ohne einen Film zu hinterlassen.
- Avocado-Öl dient als Vehikel zur Einschleusung von Wirkstoffen.

Schönheitsmittel mit Tradition

Schon immer haben die Menschen die Avocado als Hautpflegemittel verwendet. In Süd- und Zentralamerika, der Urheimat der Avocado, benutzten sie das ölige Fruchtfleisch als Hautcreme, um so ein Austrocknen und Sprödewerden der Haut infolge rauer Winde zu verhindern. Die Lateinamerikaner massierten das Fruchtfleisch aber auch in die Haare ein, um den Haarwuchs zu fördern. Aber auch in Ostasien hat die Avocado als Schönheitsfrucht schon alte Tradition. So vermixen in Korea die Frauen das Fruchtmus der Avocado mit Milch und verwenden die Mixtur als Gesichts- und Hautcreme.

Tropenfrucht mit Hautschutz

Seit langem ist die heilende und beruhigende Wirkung des Avocado-Öls auf die Haut bekannt.

Insbesondere bei trockener und schuppender Haut entfaltet das Öl der Tropenfrucht seine wohltuenden Wirkungen.

Darüber hinaus wird aber auch eine Reihe von Avocado-Zubereitungen empfohlen, um von Parasiten verursachte Hautschäden und Ekzeme zu heilen. Das Avocado-Öl fördert die Wundheilung, indem es die Schorfbildung und Vernarbung von Wunden beschleunigt. Weiterhin hat man im Avocado-Öl, das sowohl aus dem Fruchtfleisch als auch aus dem Samen gewonnen wurde, Substanzen mit starker antibakterieller Wirkung gegen grampositive Bakterien, insbesondere Staphylococcus aureus, entdeckt.

Avocado-Öl wird in Haut- und Körperpflegemitteln nicht nur als Basisträger oder Grundsubstanz, sondern wegen seiner herausragenden regenerierenden Eigenschaften auch als pflanzliches Öl mit Wirkstoffcharakter verwendet.

Staphylococcus aureus findet man in eiternden Wunden. Er gehört beim Menschen und bei Tieren zu den am häufigsten vorkommenden Eitererregern.

Öl aus der Apotheke

Hochwertige Pflegeprodukte, denen mit einem Anteil von 5 bis 10 % das Öl der Avocado zugesetzt ist, gehen in der Regel ganz schön ins Geld. Im Gegensatz dazu kann man reines Avocado-Öl zu einem relativ günstigen Preis in der Apotheke kaufen. Das Avocado-Öl kann man sowohl als reines Naturprodukt pur oder als wertvolle Zutat in eigenen Schönheitsrezepturen verwenden. Avocado-Öl ist gut haltbar, reagiert aber wie alle pflanzlichen Öle auf Licht, Luft und Wärme empfindlich. Damit es nicht ranzig wird, sollte man es dunkel, kühl und luftdicht verpackt aufbewahren. Bei Verwendung sollte das Öl Zimmertemperatur haben, damit eventuelle Ausflockungen sich mit dem Öl wieder vermischen können.

Ranziges Avocado-Öl auf keinen Fall mehr zur Haut- und Haarpflege verwenden. Sicheres Zeichen für Ranzigkeit und damit für Verderb ist ein starker, stechender Geruch.

Pflege für Haut und Haar

Avocado-Öl zeichnet sich durch eine Reihe von pflegenden Eigenschaften aus. Es wird sehr schnell von der Haut aufgenommen. Das Öl dringt aber nicht nur leicht ein, sondern verteilt sich auch gut auf der Haut. Der Fachmann spricht von einem guten Spreitvermögen. Avocado-Öl wird von der Haut reizlos vertragen und allergische Reaktionen kommen so gut wie nie vor. Das Öl weist zudem ein gutes Feuchthaltevermögen auf, weshalb es in Hautpflegemitteln mit Feuchthaltefaktoren verwendet wird. Avocado-Öl gibt der Haut einen seidigen Glanz und glättet besonders gut empfindliche, trockene und schuppige Haut. Außerdem wirkt das Öl der Avocadofrucht der Bildung von Fältchen in den Problemzonen um den Augen herum und am Hals entgegen. Und schließlich besitzt Avocado-Öl aufgrund seines hohen Gehalts an ungesättigten Fettsäuren sogar einen leichten natürlichen Schutz vor dem UV-Licht der Sonne.

Die Wirkstoffe im Avocado-Öl

Das Avocado-Öl verdankt seine ausgesprochen guten Eigenschaften zur Pflege von Haut und Haar dem hohen Gehalt an natürlichen Pflegewirkstoffen. Allem voran ist der hohe Anteil an den Vitaminen A, B, D, E, K und Biotin zu nennen.

Weitere wichtige Inhaltsstoffe dieser herrlichen Frucht sind Kalzium, Eisen, Silizium, Lezithin, Linolsäure und der hohe Anteil an unverseifbaren Bestandteilen.

Lezithin ist ein phosphorhaltiger, fettähnlicher Stoff, der wie ein Emulgator wirkt. Lezithin kann die Feuchtigkeit gut halten und sorgt für eine Glättung der Haut.

Linolsäure unterstützt ebenfalls das Feuchthaltevermögen des Öls. Linolsäure schützt die Haut davor, Feuchtigkeit zu verlieren, und wirkt der Fältchenbildung entgegen. Durch Linolsäure wird welke, trockene, rissige, aufgesprungene oder schuppige Haut wieder glatt und schön und die Neigung zu Ekzemen und Entzündungen verringert.

Das **Vitamin A** im Avocado-Öl unterstützt die Linolsäure in seiner günstigen Wirkung auf trockene, schuppige und zu Ekzemen neigende Haut. Vitamin A gilt als das Schönheitsvitamin schlechthin, das für eine schöne, strahlende Haut, volle Haare und gesunde Fingernägel unentbehrlich ist. Ein Mangel führt zu trockener, rissiger Haut, Kopfschuppen, brüchigen Fingernägeln, brüchigem Haar und sogar zu Haarausfall.

Die **Vitamine des B-Komplexes** sind wichtige Hautvitamine und wirken lindernd bei leichten Hautentzündungen. Avocado-Öl enthält insbesondere Vitamin B_1 (Thiamin) und Vitamin B_2 (Riboflavin), Pantothensäure und Biotin.

Thiamin wirkt in der Haut wie ein Insektenschutzmittel, das Schnaken und ähnliches Getier abwehrt.

Bei einem Mangel an **Riboflavin**, wovon besonders häufig ältere Menschen betroffen sind, wird die Haut um Mund, Nase, Stirn und um die Ohren herum schuppig, die Lippen springen auf und in den Mundwinkeln kommt es zu winzigen Hautrissen. Mit genügend Riboflavin von innen durch eine richtige Ernährung (zum Beispiel Milch, Milchprodukte, Avocados, dunkelgrünes Blattgemüse, fetten Seefisch, Leber) und durch Avocado-Öl von außen wird man die unschönen Hautprobleme bald wieder los.

Pantothensäure brauchen alle Zellen von lebenden Organismen. In unserem Körper kommt Pantothensäure besonders in Organen mit einem höheren Stoffwechselumsatz vor. Die höchste Konzentration findet man in der Haut. Es gibt von verschiedenen Firmen medizinische Heil- und Wundsalben, die Pantothensäure in Form von D-Panthenol als einzigen Wirkstoff enthalten. Die Heilwirkung beruht darauf, dass Pantothensäure

Ein Emulgator setzt die beiden Oberflächenspannungen von zwei Flüssigkeiten, die sich normalerweise nicht miteinander mischen lassen, so weit herab, dass die eine Flüssigkeit in der anderen fein verteilt wird. Es entsteht eine Emulsion und der Emulgator verhindert, dass diese sich wieder entmischt.

Der Name der Pantothensäure stammt vom griechischen „pantos" ab, was so viel wie „weit verbreitet, überallher" bedeutet. Und tatsächlich ist sie in all unseren tierischen und pflanzlichen Nahrungsmitteln weit verbreitet.

das Zellwachstum und so die Hauterneuerung beschleunigt.

Biotin wird häufig auch als Vitamin H bezeichnet, obwohl es zu den B-Vitaminen gehört. Es ist wichtig für jeden, der mit trockener, schuppiger und rauer Haut zu kämpfen hat. Ferner wirkt es Haarausfall und Entzündungen entgegen und reguliert die Produktion der Talgdrüsen.

Vitamin D ist im Avocado-Öl in größerer Quantität enthalten als in Butter oder Eiern. Das Vitamin wird durch die Nahrung aufgenommen und in der Haut aus Vorstufen gebildet. Bei äußerer Anwendung in Pflegeprodukten unterstützt es die Abheilung von Hautschäden und beugt Hautentzündungen vor.

Vitamin E verhindert, dass freie Radikale unsere Zellen angreifen und schädigen. Zusätzlich hat Vitamin E eine straffende und glättende Wirkung auf die Haut, weil es die Speicherung von Feuchtigkeit in trockener Haut und in den Fältchen fördert. Auch gegen Schwangerschaftsstreifen soll Vitamin E helfen.

Hering, Makrele, Lachs, Eier und Margarine sind gute Quellen für Vitamin D.

Vitamin K im Avocado-Öl wirkt durchblutungsfördernd und spendet der Haut Feuchtigkeit.

Das **Kalzium** im Avocado-Öl unterstützt die Heilung von Hautschäden, indem es regulierend auf Blutgerinnung und Durchblutung wirkt. Außerdem fördert Kalzium den Haarwuchs.

Eisen schützt vor eingerissenen Mundwinkeln und rauer, entzündlich gereizter Haut und fördert die Durchblutung.

Silizium wirkt beruhigend auf die Haut und schützt vor Hautunreinheiten und Akne.

Die **unverseifbaren Bestandteile** im Avocado-Öl tragen entscheidend zu den günstigen Hautwirkungen bei. Diese Stoffe lassen sich nicht einseifen. Seifen entstehen, wenn Fette mit Natrium- oder Kaliumlauge gekocht werden. Unter dem „Unverseifbaren" in Ölen und Fetten versteht man folglich eine Mixtur aus Substanzen, die sich der Seifenbildung wegen ihrer chemischen Struktur entziehen. Der Gehalt an Unverseifbaren im Avocado-Öl schwankt zwischen 2 und 11 %, liegt aber bei handelsüblichen Produkten in der Regel bei 2 %. Die unverseifbaren Anteile bestehen aus Kohlenwasserstoffen, Terpenalkoholen, Squalen und vor allem aus Phytosterinen.

Den Phytosterinen wird die für Pflanzenöle außerordentlich gute Spreitfähigkeit des Avocado-Öls zugeschrieben, sodass sich die Avocadoprodukte gut verteilen und schnell von der Haut aufgenommen werden. Weitere kosmetische Eigenschaften des Unverseifbaren im Avocado-Öl sind, dass es verhorntes und unelastisches Hautgewebe weich macht, stimulierend auf das lösliche Kollagen im Bindegewebe wirkt, die Haut feucht und geschmeidig hält, vor Entzündungen, Hautschuppungen und Altersflecken schützt. Ein wichtiger Wirkstoffkomplex in der Naturkosmetik ist Avocadin, das aus dem Avocado-Öl gewonnen wird. Avocadin enthält circa 30 % Phytosterine, Triglyceride und Tocopherole. Avocadin wird besonders zur Vorbeugung von altersbedingten Hautveränderungen empfohlen.

Schönheit aus der eigenen Küche

Es müssen aber nicht immer die von der Kosmetikindustrie angebotenen Schönheitsmittel sein, um Glanz und Fülle in die Haare zu bringen oder einer vom Alltagsstress beanspruchten Haut wieder ein strahlend frisches Aussehen zu verleihen. Avocado-Öl aus der Apotheke oder die frische Avocadofrucht aus dem Obst- und Gemüseladen eignen sich hervorragend zur Schönheitspflege. Unkompliziert und preiswert lassen sich im Nu Rezepturen für die Schönheit zu Hause selbst mischen. Aber schon pur ist Avocado-Öl ein ausgezeichnetes Pflegemittel.

Wenigstens einmal in der Woche sollten Sie sich mit einer Avocado-Gesichtsmaske verwöhnen. Die Maske hat eine vielfache Wirkung: Sie nährt, pflegt und glättet Ihre Haut und sorgt für einen seidig schimmernden Teint.

Reinigen Sie Gesicht, Hals und Dekolleté gründlich, bevor Sie die grüne Avocadomasse auflegen. Beginnen Sie beim Auftragen immer am Kinn, dann über die äußeren Wangen zur Stirn, zurück über den Nasenrücken, die Nasenflügel und Wangen. Ausgespart bleiben Augen, Nase und Mund. Danach die Masse auf Hals und Dekolleté von unten nach oben (Gewebestraffung!) einstreichen. So vorbereitet legen Sie sich mit einer Wolldecke warm zugedeckt hin und gönnen sich eine viertel bis halbe Stunde Ruhe, damit Nähr- und Wirkstoffe in die Haut eindringen können. Avocado-Fruchtfleisch können Sie pur oder gemischt mit Eigelb, Sahnequark oder sogar Bier zu einer Gesichtsmaske verarbeiten.

Neben Avocado-Öl wird in der Naturkosmetik auch Avocadoextrakt verwendet, der als Auszug aus frischen Avocadofrüchten gewonnen wird und die Vitamine A und E enthält. Avocadoextrakt verhindert ein Austrocknen und Sprödewerden der Haut.

Nach einer Gesichtsmaske sollte man zum Abschluss die Haut mit einem Gesichtswasser (z. B. einer Kamillenlotion) verwöhnen.

Avocado-Gesichtsmasken für trockene und empfindliche Haut

Avocadomaske pur

1 reife kleine oder eine halbe große Avocado, etwas Zitronensaft

Die Avocado der Länge nach halbieren, den Stein entfernen und das Fruchtfleisch mit einem Löffel herauslösen. Etwas Zitronensaft dazugeben und mit einer Gabel pürieren, bis eine cremige Masse entstanden ist. Dann die Avocadomasse auf das Gesicht auftragen, mindestens 15 Minuten einwirken lassen und danach mit lauwarmem Wasser abwaschen.

Avocado-Eigelb-Maske

1 reife kleine oder eine halbe große Avocado, etwas Zitronensaft, 1 Eigelb

Die Avocado der Länge nach halbieren, Stein und Fruchtfleisch herauslösen. Das Avocadofruchtfleisch pürieren und mit Zitronensaft und Eigelb verrühren. Die Maske auftragen und nach 15 bis 20 Minuten mit warmem Wasser abspülen.

Das Eigelb können Sie auch durch zwei Esslöffel Sahnequark ersetzen. Besonders reich an Nähr- und Wirkstoffen ist die Avocadomaske, wenn Sie Eigelb, Sahnequark und einen Esslöffel Sahne miteinander vermischen.

Avocado-Bier-Maske

1 Avocado, 1 TL Weißbier, 1 EL Apfelessig, 1 EL Honig, 1 EL Mandel- oder Jojoba-Öl

Das Fruchtfleisch herauslösen, mit einer Gabel zerdrücken und mit dem Weißbier, Apfelessig, Honig, Mandel- oder Jojoba-Öl zu einer cremigen Masse vermischen. Die Masse auf das Gesicht auftragen, eine Stunde einwirken lassen und dann mit lauwarmem Wasser abspülen.

Avocado-Reinigungsmilch für trockene Haut

$^1/_8$ l Molke, Fleisch einer halben Avocado, etwas Zitronensaft

Das Fruchtfleisch der Avocado zerdrücken und mit der Molke und dem Zitronensaft glatt verrühren. Mit einem Wattebausch auftragen, kurz einwirken lassen und mit warmem Wasser abspülen.

Avocado-Öl pur

Ein Multitalent in Sachen Schönheit ist das Avocado-Öl solo. Die Haut bekommt einen seidigen Glanz, wenn Sie Avocado-Öl pur auf das Gesicht auftragen. Lassen Sie es 20 bis 30 Minuten einwirken, danach überschüssiges Fett einfach abtupfen. Rissige und spröde Lippen werden durch Avocado-Öl wieder schön und kleine Fältchen an den Augen und am Hals geglättet. Das Öl schützt die Haarspitzen vor dem Brüchigwerden, wenn es vor dem Waschen in die Spitzen einmassiert wird. Ist das Haar nach einer Dauerwelle oder durch Färben trocken, spröde und kaum frisierbar, dann ist eine Avocado-Öl-Packung genau richtig. Waschen Sie die Haare leicht vor und massieren sie das Öl in Haare und Kopfhaut ein. Danach wickeln Sie ein Handtuch um den Kopf und lassen das Öl mindestens 15 Minuten einwirken. Nun waschen Sie den Kopf wie gewohnt und spülen aber besonders gründlich aus.

Achtung Kreuzallergie!

Leider können Avocados bei allen gesundheitlichen Vorzügen auch Allergien auslösen. Vor allem Menschen, die auf Latex allergisch reagieren, können mit Avocados Probleme bekommen. In letzter Zeit häufen sich Berichte über Latexallergien.

Am häufigsten treten die Allergien auf bei Menschen, die zu den Atopikern zählen und im Gesundheitswesen oder in der Latex verarbeitenden Industrie arbeiten. Seltener sind Kinder betroffen, und wenn, dann handelt es sich in der Regel auch um Atopiker. Allerdings können auch Nichtatopiker von einer Latexallergie heimgesucht werden.

Immer öfter wird beobachtet, dass Latex für Kreuzallergien mit Nahrungsmitteln verantwortlich ist. Dazu gehören Avocados, aber auch Papayas, Kiwis, Bananen und sogar Kartoffeln, Tomaten und Kastanien. Nun versuchen die Wissenschaftler herauszufinden, welche Allergene für die Kreuzreaktionen verantwortlich sind. Es treten bei diesen Kreuzallergien unterschiedlichste Symptome auf, die sehr schwerwiegend sein können und ärztliche Hilfe notwendig machen. Das Spektrum reicht vom allergischen Asthma, Dermatitis, Durchfall, Bauchschmerzen, Juckreiz im Mund, Nesselsucht bis zum allergischen Schock.

Die Wirkung des Öls ist intensiver, wenn Sie das Öl leicht anwärmen.

Unter Atopie versteht man die Bereitschaft, auf Substanzen aus der natürlichen Umwelt, wie Gräserpollen oder Nahrungsmittel, allergisch zu reagieren.

Mit Avocados richtig umgehen

Grundsätzlich werden Avocados nur hart und unreif gehandelt, aber nicht nur des leichteren Transports wegen oder um das Verderbrisiko zu minimieren. Vielmehr werden Avocados am Baum nicht richtig reif, sondern müssen erst geerntet werden, um voll auszureifen.

Worauf man beim Einkaufen achten sollte

Am besten kauft man nur hartreife Avocados. Denn es besteht die Gefahr, dass zu reife Exemplare in den Lebensmittelgeschäften bereits ein paar Druckstellen abbekommen haben. An diesen Stellen verfärbt sich dann das Fruchtfleisch unansehnlich grau. Manche Avocados tragen noch einen kurzen Stiel. Zum Schutz vor der gefürchteten Stängelgrundfäule wird der Stängel in heißes Wachs getaucht, wodurch das Auskeimen der Sporen verhindert wird. Wurde der Stiel entfernt, muss der Stielansatz dafür trocken sein und darf keine schwarzen Verfärbungen haben. Man sollte nur Früchte kaufen, die sauber, dem Anschein nach gesund sind und deren Schale schön glänzt und keine Verletzungen hat.

Wann ist die Avocado reif?

Hartreif sind Avocados nicht zu genießen. Sie schmecken nur, wenn sie reif sind, und zwar je reifer, umso besser. Noch feste Früchte lässt man bei Zimmertemperatur in Zeitungspapier eingewickelt oder in einer Papiertüte innerhalb von drei bis fünf Tagen nachreifen. Gibt man eine Banane oder einen Apfel dazu, gehts noch schneller. Die Farbe der Schale ist nicht unbedingt ein sicheres Zeichen dafür, ob die Avocado schon reif ist. Auch bei der Vollreife bleiben die Früchte grün. Nur die Sorte „Hass“

Schüttelt man reife Avocados, kann man manchmal sogar den Kern hören. Allerdings sind die Früchte dann schon sehr reif und sollten möglichst schnell verbraucht werden.

verfärbt sich schwarz bis schwarzviolett. Mit einem einfachen Test können Sie die Reife prüfen. Nehmen Sie die Avocado in die Hand – sie muss sich fest anfühlen, aber auf geringem Druck leicht nachgeben. Nur bei der Hass muss man die Dunkelfärbung der Schale abwarten. Reife Avocados sind für einige wenige Tage im Gemüsefach des Kühlschranks haltbar.

Was tun bei schwarzen Flecken?

Schwarze Flecken auf der Schale sind nicht unbedingt ein Zeichen für Verderb. Das Fruchtfleisch ist aber verdorben, wenn die Flecken faltig und leicht eingesunken sind. Besonders empfindlich dafür ist der Stielansatz. Es handelt sich meistens um eine Pilzerkrankung, mit der die Früchte schon bei der Ernte infiziert werden.

Avocados selbst pflanzen

Es ist noch gar nicht lange her, dass mein Mann und ich beim Herauslösen eines Avocadokerns an seiner breiten Seite einen winzigen Trieb entdeckten. Wir freuten uns über das neue Leben, dass sich in dem harten Kern regte, und ließen uns auf das Experiment ein, ein Avocadobäumchen selbst zu ziehen – übrigens mit Erfolg. Es geht im Grunde auch ganz einfach.

Am besten verwendet man ein Schnapsglas, das gerade so groß im Durchmesser ist, dass der Kern darauf gesetzt einen guten Halt findet. Zuvor füllt man das Glas mit Wasser. Allerdings soll der Kern selbst nicht im Wasser stehen, deshalb einen Abstand zwischen Wasserspiegel und Kernunterseite von etwa 1,5 bis 2 cm halten. So präpariert stellt man den Avocadokern bei Zimmertemperatur auf. In den folgenden Wochen kann man beobachten, wie der Kern Wurzeln treibt. Nicht vergessen, ab und zu das Wasser zu erneuern. Mit der Zeit springt auch die lederige Außenhaut ab, der im Innern weiche Kern spaltet sich deutlich und der Trieb wächst in die Höhe und bekommt seinen ersten zarten Blättchen. Wenn das Wurzelgeflecht groß und dicht genug ist (etwa nach acht bis zwölf Wochen) und der Trieb etwa 15 cm lang, wird das junge Bäumchen umgetopft, wobei allerdings der Kern bis zur Hälfte aus der Erde herausschauen muss. Damit das Avocadobäumchen gut gedeiht, stellt man es an einen warmen, hellen Platz und versorgt es gleichmäßig mit

Wasser. Aber bitte nicht zu großzügig gießen. Zu viel Feuchtigkeit oder sogar stehendes Wasser nimmt das Avocadopflänzchen übel und geht ein.

Findet man kein geeignetes Schnapsglas oder will man das Austreiben beschleunigen, dann entfernt man vorsichtig die harte Außenhaut und steckt sternförmig in jede Seite des Kerns zwei Streichhölzer. So vorbereitet wird der Avocadokern auf ein mit Wasser gefülltes Glas gesetzt – auf Abstand zur Wasseroberfläche achten! Auch durch Spalten der Kernhälften kann man den Austrieb beschleunigen. Der Kern kann aber dabei leicht auseinander brechen und so nutzlos werden.

Der Avocadobaum kann als Zimmerpflanze bis zu zwei Meter groß werden. Damit er buschig wird, sollte man den Trieb in der gewünschten Höhe kürzen. Seine Blätter sind anfangs hellgrün und verfärben sich später tief dunkelgrün. Im Sommer kann man den Avocadobaum ins Freie stellen. Vorsicht – Minusgrade werden nicht vertragen. Vor dem ersten Frost muss er daher wieder ins Haus geholt werden.

Im Freien liebt der Avocadobaum ein warmes, windgeschütztes Plätzchen. Man sollte ihn aber nicht direkt der prallen Sonne aussetzen, da zu hohe Temperaturen nicht vertragen werden.

Avocado-Rezepte

Heute gibt es eine nahezu unüberschaubare Zahl von Avocado-Rezepten. Diese erstaunliche Vielfalt ist sicher auch der Eigenschaft zu verdanken, dass das butterweiche Fruchtfleisch in der Zubereitung außerordentlich flexibel ist.

- Die Kalifornier füllen Pita-Brot mit Avocadocreme, Sojabohnensprossen und Käse.
- In Kuba werden Avocados mit Gemüsesalat gefüllt.
- Die Brasilianer bereiten aus pürierter Avocado mit Limonensaft und Puderzucker verrührt ein eisgekühltes Dessert.
- In Mexiko, Ecuador und Kolumbien werden Avocados scheibchenweise kurz vor dem Servieren in alle möglichen heißen Suppen und Eintöpfe gegeben. Die schwimmenden Avocadoscheiben fangen dann leicht zu schmelzen an.
- Die Philippiner servieren als Dessert ein Getränk aus püriertem Avocadofleisch, Milch und Zucker.
- Die Japaner füllen Sushi-Rollen mit Avocados.
- Die Mexikaner machen mit pürierten Avocados, Tomaten, Zwiebeln, Pfefferschoten, Salz und Pfeffer sowie frischem Koriander *Guacamole,* ihre berühmte Spezialität, an. Die Guacamole streichen sie dann auf Tortillas, rollen diese ein und nehmen sie als Tacos zum Picknick mit.
- In Indonesien vermixt man Avocados, Milch, Kaffee und Rum zu einem erfrischenden Drink.
- In Taiwan werden Avocados einfach mit Milch und Zucker gegessen.
- Beliebte Appetithappen in Frankreich sind mit Shrimps oder einer Sauce vinaigrette gefüllte Avocadohälften.
- In lateinamerikanischen Ländern werden die gesunden und wohlschmeckenden Früchte schön verpackt dem Brautpaar zur Hochzeit geschenkt.

Für jede Art von Zubereitung werden Avocados zuerst halbiert: Einfach mit einem Messer die Avocado der Länge nach rundherum bis zum Kern aufschneiden. Dann die beiden Hälften leicht gegeneinander drehen, teilen und den ungenießbaren Stein entfernen.

Obwohl Avocados zum Obst gehören, sind sie einem Gemüse sehr ähnlich und werden auch häufig als solches zubereitet.

Von süß bis herzhaft

Die Avocado ist in der Küche tatsächlich ein echter Tausendsassa. Das weiche Fruchtfleisch schmeckt angenehm mild, ein wenig nussartig, aber dennoch ziemlich neutral. Deshalb lässt sich die Avocado nicht nur – wie für Obstfrüchte typisch – mit süßen, sondern auch mit salzigen Zutaten kombinieren. Es gibt unzählige Variationsmöglichkeiten.

Die einfachste Art, eine Avocado zu genießen, ist die Frucht zu halbieren und die Hälften mit Zucker, Zitronensaft und Milch oder mit Salz, Pfeffer und Zitronensaft, einer Vinaigrette oder einer anderen würzigen Soße zu marinieren und dann auszulöffeln. Mit Eier-, Krabben-, Thunfisch- oder Fleischsalat gefüllte Avocadohälften ergeben pikante und zugleich dekorative Vorspeisen. Das gilt auch für das Dessert. Denn mit püriertem Avocadofleisch lassen sich hervorragend süße Cremes zubereiten. Unzählig sind die Rezepte, mit denen zerdrückte Avocados als mexikanischer Salat, als Guacamole, mit Zwiebeln, Knoblauch, geschnittenen Tomaten, Paprikaschoten, Peperoni, Salz und Pfeffer angemacht werden. Avocados schmecken auch als Brotaufstrich zum Beispiel mit in Würfel geschnittenem Schinken. Avocadoscheiben eignen sich als Zutat zu Fleisch, aber auch zu Gemüse und herzhaften Salaten und natürlich in Obstsalaten. Mit Avocados lassen sich mit Joghurt oder saurer Sahne feine Salatmarinaden oder Dips zaubern. Püriert kann man das Avocadofleisch in eine heiße Brühe einrühren. Sogar der Advocaat-Likör verdankt der Avocado seinen Namen. Die Amazonas-Indianer bereiteten aus Avocados, Branntwein und Gewürzen einen Likör, den die Holländer mit nach Europa brachten. Allerdings verwendeten sie in ihrer Rezeptur Eidotter anstelle von Avocados.

Rezepte für 4 Personen

Avocado-Ananas-Creme

1 Avocado, 2 EL Zucker,
1 Päckchen Vanillezucker, 2 EL Zitronensaft, Eiweiß von 2 Eiern, 4 Scheiben

Ananas aus der Dose, Orangenlikör nach Belieben

Die Avocado halbieren, mit einem Löffel zuerst den Kern und dann das Fruchtfleisch herauslösen. Das Avocadofleisch mit der Gabel pürieren, mit Zucker, Vanillezucker und Zitronensaft abschmecken. Das Eiweiß steif schlagen und vorsichtig unter die Avocadomasse heben. Ananasscheiben fein hacken und unter die Avocadocreme mischen.

Exotic Fruit-Mix

1 große Avocado oder 2 mittlere Avocados, gewürfelt, 1 Mango, gewürfelt, 1 Banane, in Scheiben geschnitten, 1 Papaya, gewürfelt, Saft einer Zitrone (oder Grapefruit), 2 Becher Joghurt, 2 EL Honig, 1 Päckchen Vanillezucker

Die vorbereiteten Früchte (Avocados, Banane, Mango, Papaya) in eine Schüssel geben und mit etwas Zitronensaft beträufeln. Für das Dressing rührt man den Joghurt mit dem Honig und Vanillezucker glatt und gibt nach und nach den restlichen Zitronensaft (Grapefruitsaft) dazu. Das Dressing sollte nicht dünnflüssig werden. Falls keine Kinder mitessen, kann man die Früchte auch mit einem Schuss weißem Rum oder Batida de Coco aromatisieren. Die Früchte werden auf 4 Glasschälchen verteilt. Das Dressing wird über die Früchte gegeben. Nach Wunsch kann man noch eine Kugel Vanilleeis oder Pfirsicheis dazugeben.

Fruchtiger Reissalat

3 EL Rosinen, $^1/_2$ Tasse gehackte, getrocknete Aprikosen, 6 EL Sonnenblumenöl (Rapsöl), $^1/_2$ Tasse gehackte Walnüsse, 1 EL Zitronensaft, 1 EL Rotweinessig, 1 TL Honig, 1 Messerspitze Korianderpulver, 1 Messerspitze scharfer Senf (Löwensenf), Salz und Pfeffer nach Geschmack, 2 Tassen gekochter Reis ($^3/_4$ weißer Reis und $^1/_4$ wilder Reis), 2 Avocados

Die Rosinen und Aprikosen mit heißem Wasser übergießen und etwa 10 Minuten quellen lassen, anschließend abtropfen und abkühlen lassen. In einer Pfanne mit etwas Öl die Walnüsse rösten. Zitronensaft, Rotweinessig, Honig, Korianderpulver, Senf, Salz und Pfeffer sowie Sonnenblumenöl zu einer Vinaigrette verrühren und mit dem Reis, Aprikosen, Nüssen und Rosinen vermischen.

Damit sich das Avocadofleisch nicht bräunlich verfärbt, muss man immer etwas Zitronensaft dazugeben. Anstelle von Zitronensaft können Sie auch den Saft von Limetten verwenden. Er ist herrlich aromatisch und gibt Avocadogerichten eine pikante Note.

Am besten schmecken Avocadogerichte frisch zubereitet. Jedoch können pürierte Avocados mit Zitronensaft vermischt durchaus auch eingefroren werden. Das Avocadopüree ist 4 bis 6 Monate lang haltbar. Nach dem Auftauen wird es wie frisch püriertes Avocadofleisch für Cremes, Dips oder Brotaufstriche verwendet.

Etwa eine Stunde in den Kühlschrank stellen.

Vor dem Servieren sollte man die Avocados halbieren und das Fruchtfleisch vorsichtig aus der Schale herausheben, dabei einen Rand stehen lassen.

Das Fruchtfleisch wird dann gewürfelt und vorsichtig unter den vorbereiteten Salat gehoben.

Den fertigen Salat in die Avocadoschalen verteilen.

Avocadobutter

1 Avocado (ca. 200 g), Salz, Pfeffer, etwas Zitronensaft, 125 g weiche Butter (zimmerwarm), 1 Knoblauchzehe, ein paar Tropfen Tabasco, 1 TL Worcestersoße, 1/2 Bund fein gehackte Petersilie

Die Avocado in zwei Hälften teilen, den Stein entfernen und das Fleisch aus den Hälften herausholen. Das Fruchtfleisch mit einer Gabel zerquetschen, mit Salz und Pfeffer sowie mit Zitronensaft abschmecken. In das Avocadopüree die weiche Butter geben und das Ganze vermischen. Mit ein paar Tropfen Tabascosoße und Worcestersoße abschmecken. Die Avocadobutter serviert man zu gegrilltem Fisch und Baguette.

Avocado arrabiata

1 Avocado (ca. 200 g), Salz, Pfeffer, 2 Knoblauchzehen, etwas Zitronensaft, ein paar Tropfen Tabasco, 1 kleine Peperonischote, 2–3 kleine Cocktailtomaten

Die Avocado in zwei Hälften schneiden, den Stein entfernen und das Fleisch mit einem Esslöffel aus den Hälften herausholen. Das Fruchtfleisch mit einer Gabel zerdrücken, mit Salz und Pfeffer sowie mit Zitronensaft abschmecken. Ein paar Tropfen Tabascosoße und die zerkleinerte Peperonischote dazugeben und alles miteinander vermischen.

Die Cocktailtomaten aufschneiden und die gallertartige Masse herausholen; das restliche Tomatenfleisch sehr klein schneiden und zu der Avocadomasse dazugeben und unterheben. Nach Belieben kann man noch mit etwas Basilikum abschmecken. Servieren Sie die Masse am besten auf Toast- oder Knäckebrot.

Avocado-Hähnchen-Toast

1 große Avocado, Salz und Pfeffer, Zitronensaft, 1/2 Dose rote Bohnen, 2 Scha-

lotten, Tabasco, 2 gekochte oder gegrillte Hühnerbrüste, 1 gewürfelte Tomate, 1 kleiner TL Dill, etwas gemahlener Kreuzkümmel (Cumin), etwas gehackter Kerbel, 4 getoastete Weißbrotscheiben, etwas zerpflückter Eissalat oder Romanasalat, 200 g zerbröselter Feta-Käse, etwas Ketchup

Das Avocadofleisch mit Salz, Pfeffer und Zitronensaft zerdrücken und mit den roten Bohnen vermischen. Die Masse mit Tabascosoße abschmecken. Die Hühnerbrüste zerpflücken, die Tomaten würfeln, mit Kerbel und Cumin vermischen und mit Salz und Pfeffer abschmecken. Die Weißbrotscheiben toasten und mit Salatblättern belegen, die Avocadomasse daraufgeben, anschließend das vorbereitete Hühnerfleisch und den Feta-Käse darauf verteilen. Schließlich mit etwas Ketchup garnieren.

Avocado-Dip mit Frühlingszwiebeln

1 große Avocado, Zitronensaft, Salz und Pfeffer, 1 Frühlingszwiebel, 1 EL frisch gehackte Petersilie, edelsüßer Paprika

Das Avocadofleisch mit Salz, Pfeffer und Zitronensaft zerdrücken. Die fein gehackte Frühlingszwiebel und die gehackte Petersilie zur Avocadomasse dazugeben, unterheben und in eine kleine Schale geben, mit etwas edelsüßem Paprika garnieren. Wird zu Crackern serviert.

Feldsalat mit Avocado, Grapefruit und Gorgonzola

1 Grapefruit, 1 große Avocado, 2 TL Balsamico-Essig, Salz und Pfeffer, 1 gestrichener TL edelsüßer Paprika, 1 TL scharfer Senf, Olivenöl oder Rapsöl, 150 g geputzter und gewaschener Feldsalat, abgetropft, ca. 100 g Gorgonzola

Die Grapefruit schälen und über eine Schüssel filetieren. Die Avocado halbieren und mit einem Esslöffel aus der Schale vorsichtig herausheben. Die beiden Hälften in je sechs Spalten schneiden und mit etwas Grapefruitsaft beträufeln. In die Schüssel mit dem restlichen Grapefruitsaft gibt man den Essig, Salz, Pfeffer, Paprikapulver und den Senf und verrührt alles. Während des Rührens gießt man das Olivenöl langsam hinein, bis das Dressing cremig ist. Den Feldsalat auf 4 Teller verteilen mit je 3 Avocado- und Grapefruitscheiben garnieren,

Bis zum Servieren sollte man Avocado-Gerichte immer mit Frischhaltefolie abdecken, um sie auf diese Weise vor Sauerstoff zu schützen. Am besten bereitet man Speisen mit Avocados aber immer erst kurz vor dem Essen vor.

Salsasoße gibt es fertig zu kaufen. Darunter versteht man eine pikante Tomatensoße, zum Beispiel aus Tomatenpüree, Zwiebeln, Jalapeno-Pfefferschoten, Tomaten, Essig, Salz und Gewürzen. Sehr dekorativ wirkt ein Teelöffel der roten Salsasoße auf mit herzhaft abgeschmeckten Avocadopüree bestrichenen Weißbrotscheiben.

den zerpflückten Gorgonzola dazugeben und anschließend das Dressing vorsichtig darüber gießen. Als Vorspeise oder kleinen Imbiss geeignet.

Avocado Dip à la Miguel

1 große Avocado, Zitronensaft, Salz und Pfeffer, Tacosoße oder ersatzweise scharfen Ketchup, 1 Dose rote Bohnen, abgetropft, 1 Glas grüne mexikanische Peperoni, 1 große, reife Tomate, gewürfelt, 1 kleiner Eissalat, gewaschen und abgetropft, in mundgerechte Stücke zerteilt, abgetropft, 100 g Oliven ohne Steine, in Scheiben geschnitten, gewürfelten Cheddarkäse (oder französischer Mimolette), 1 EL Crème fraîche (oder Pflanzencreme), Cracker, Baguette, Tortilla-Chips

Zuerst wird die Avocado halbiert. Dann das Fruchtfleisch mit einem Löffel behutsam aus der Schale herausheben, mit Zitronensaft beträufeln und mit der Gabel zerdrücken; mit Salz, Pfeffer und Tacosoße (Ketchup) abschmecken. Bohnen und Peperoni vermischen und auf eine Platte verteilen, darauf die Avocadomasse geben. Mit Tomaten, Eissalat, Oliven, Käse und einem Klecks Crème fraîche garnieren.

Avocado-Champignon-Salat

1 Avocado, 3 EL Olivenöl, 3 EL grober Senf, 1/2 Tasse Sherryessig, 1 Bund grob gehacktes Basilikum, je 2 gewürfelte grüne und rote Paprikaschoten, 500 g Champignons, 4 Salatblätter, frisch getoastetes Weißbrot

In einer Schüssel Olivenöl, Senf, Sherryessig, Basilikum und den Paprika mischen und zur Seite stellen. Die Champignons abbrausen und trockentupfen, anschließend in Scheiben schneiden und in die Marinade geben. Das Ganze etwa 10 Minuten durchziehen lassen. Die Salatblätter auf 4 Teller verteilen. Auf die Salatblätter den Avocado-Champignon-Salat geben und mit Baguette oder frischem Toastbrot servieren.

Bunter Hähnchensalat

Saft von einer Zitrone, 6 EL Olivenöl, 1 Knoblauchzehe, zerdrückt, 1 TL Rosenpaprika, Salz und Pfeffer nach Geschmack, 2 Hühnerbrüste, fertig gekocht und gewürfelt, 1 rote Paprikaschote, gewürfelt, 3 Frühlingszwiebeln mit Grün, in Scheiben geschnitten, Kapern (kleines Glas), abgetropft, 1/2 Bund Petersilie, fein gehackt, 2 grüne Peperoni, gewürfelt, 3 Tassen gekochter Reis, 2 Avocados

Zitronensaft, Olivenöl, Knoblauch, Paprikapulver, Salz und Pfeffer in eine Schüssel geben. Das Hähnchenfleisch, rote Paprikaschote, Frühlingszwiebel, Peperoni, Kapern und Petersilie dazugeben, alles miteinander vermischen und für etwa drei Stunden in den Kühlschrank stellen. Vor dem Servieren den Reis und die gewürfelte Avocado vorsichtig unter den Salat heben. Dazu passt frisches Baguette und Weißwein.

Avocado-Gemüse-Toast

Je 1/2 grüne, rote und gelbe Paprikaschote, in sehr feine Streifen (Paprika-Julienne) geschnitten, 1/2 fein gehackte Zwiebel, 1 EL Öl, Salsasoße oder Ketchup, 4 frisch getoastete Weißbrotscheiben, Kopfsalatblätter, 1 mittlere, in Scheiben geschnittene Avocado, 1/2 Bund Petersilie oder Kerbel, Zitronensaft, Salz und Pfeffer nach Geschmack

Die Paprikastreifen und Zwiebel in etwas Öl andünsten und Salsasoße oder Ketchup dazugeben und heiß werden lassen. Auf jede Scheibe Toastbrot ein Salatblatt legen, darauf das Paprikagemüse geben, mit je drei Scheiben Avocados belegen und mit etwas Petersilie garnieren.

Wenn Sie nur Ketchup haben, dann können Sie ihn mit Tabascosoße und etwas Knoblauch aufpeppen. Als Ketchupersatz macht sich aber auch ein scharfer Relish sehr gut.

Fettucine con Avocado

1 Avocado, Zitronensaft, 2 EL Olivenöl, 1 EL Sherryessig oder Balsamicoessig, 1 Bund Basilikum, grob gehackt, 2 Frühlingszwiebeln, in Scheiben geschnitten, 1 grüner oder gelber Paprika, gewürfelt, 200 g getrocknete Tomaten, in Würfel geschnitten, 500 g Nudeln, 100 g Pinienkerne, geröstet, geriebener Parmesan oder Pecorino nach Belieben

Die Avocado halbieren und das Fruchtfleisch mit einem Löffel aus der Schale heben, fein würfeln und mit einem Spritzer Zitronensaft marinieren. Das Ganze anschließend in einer Schüssel mit Olivenöl, Essig, Basilikum, Frühlingszwiebeln, Paprika und den getrockneten Tomaten (mit Öl) vorsichtig vermischen. Die fertig gekochten und abgetropften Nudeln sofort zu der Mischung geben und vorsichtig alles vermengen. Mit einigen

Basilikumblättern wird das Ganze garniert und zuletzt mit den Pinienkernen und dem geriebenen Käse bestreut. Als Beilage schmeckt ein grüner oder ein gemischter Salat vorzüglich.

Avocadosuppe (4 Teller)

1 Avocado, $^1/_2$ Zitrone, die geriebene Schale von $^1/_2$ Zitrone, 1 sehr fein gehackte Schalotte, 20 g Butter oder etwa 2 EL Öl, 1 Becher Schlagsahne (alternativ Crème double oder Crème fraîche), etwa $^1/_2$ l Hühnerbrühe oder Kalbsbrühe (alternativ 1 Glas Hühner- oder Kalbsfond), Salz, Pfeffer, Tabascosoße, 2 Scheiben Weißbrot, gewürfelt und geröstet

Das Fruchtfleisch der Avocado reagiert sehr empfindlich auf Wärme und wird beim Kochen bitter. Deshalb gibt man das pürierte Avocadofleisch erst kurz vor dem Servieren in die Suppe. Diese darf nicht mehr aufkochen.

Die Avocado halbieren und das Fruchtfleisch mit einem Löffel herausheben. Ein Viertel der Avocado zur Seite legen und mit etwas Zitronensaft beträufeln. Die Schalotten in der Butter glasig dünsten und die restliche Avocado mit der Gabel pürieren. Dann das Avocadopüree, die Schalotten und die Schlagsahne verrühren und etwas Zitronensaft dazugeben. Die Brühe aufkochen und vom Herd nehmen, das Avocadopüree vorsichtig in die Brühe hineinrühren. Noch einmal auf die Kochplatte stellen und erhitzen, aber nicht aufkochen und nach Belieben mit Salz, Pfeffer und Tabascosoße abschmecken. Die Suppe in den Tellern anrichten und mit je einer Scheibe Avocado, einem Klacks Sahne und etwas geriebener Zitronenschale garnieren. Zuletzt die Weißbrotwürfel darüberstreuen.

Guacamole – eine mexikanische Spezialität

Sehr einfach ist das Grundrezept für Guacamole, eine mexikanische Spezialität. Zuerst werden eine oder mehrere Avocados halbiert und mit einem Esslöffel aus der Schale gehoben. Damit das Fruchtfleisch nicht oxidiert, beträufelt man es mit etwas Zitronensaft. Dann mit der Gabel pürieren. Das Ganze mit Salz und Pfeffer abschmecken.

Als typische Zutaten kommen Tomaten, Zwiebeln, Pfefferschoten und frisches Koriandergrün (cilantro) hinzu. Da die Mengen der Zutaten variieren können, ist der Geschmack immer wieder unterschiedlich. Natürlich dürfen Sie Ihre Fantasie spielen lassen und zum Beispiel Knoblauch oder Paprikaschoten dazugeben. Es schadet übrigens nicht, wenn noch kleine Avocadostückchen in der Guacamole vorhanden sind. Wenn man keinen frischen Koriander, das typische Gewürz für ein Gaucamole, bekommt, ersetzt man ihn einfach durch fein gehackte Petersilie. Guacomole schmeckt zu mexikanischen Tortilla-Gerichten, als Dip, auf grünem Salat oder als Brotaufstrich auf Weißbrot.

Guacamole mit Tomaten und Zwiebeln

1 große oder 2 mittlere Avocados, Zitronensaft, 2 Tomaten, enthäutet, die Gallertmasse entfernt und fein gewürfelt, $^1/_2$ Zwiebel, fein gehackt, 1 EL fein gehackte Pfefferschoten, Salz, Pfeffer, 1 EL fein gehackter frischer Koriander (cilantro), als Ersatz Petersilie

Die Avocado halbieren, den Stein herauslösen, die Haut abziehen und die Avocado grob zerhacken und dann mit einer Gabel pürieren. Anschließend Tomaten, Zwiebeln, Pfefferschoten und frisches Koriandergrün dazugeben und gut miteinander vermischen, danach mit Salz und Pfeffer abschmecken.

Guacamole mit geriebenem Käse

1 große Avocado oder 2 mittlere Avocados, Zitronensaft, $^1/_2$ Zwiebel, fein gehackt, 1 zerdrückte Knoblauchzehe, 1 reife, fein gewürfelte Tomate (zuvor die Tomate enthäuten und die Gallertmasse herausnehmen), 1 EL geriebener Käse, 1 kleine grüne Peperoni, etwas fein gehackte frische Korianderblätter

Guacamole herstellen, Knoblauchzehe, Zwiebel, Tomate, Käse, Peperoni und die Petersilie dazugeben, miteinander vermischen und mit Salz und Pfeffer abschmecken. Mit Baguette oder Weißbrot servieren.

Guacamole mit Salsasoße und Joghurt

1 große Avocado oder 2 mittlere Avocados, 2 sehr fein gehackte Knoblauchzehen, Zitronensaft, gehackter Koriander, als Ersatz Petersilie oder Dill, 1 Becher Joghurt (mager), 1 EL Salsasoße

Eine Guacamole aus den Avocados, Zitronensaft, Knoblauch, Koriander (Petersilie, Dill), Joghurt und Salsasoße herstellen und mit Salz und Pfeffer abschmecken.

Am besten püriert man die Avocado immer mit der Gabel. Beim Pürieren mit dem Elektrostab entsteht bei der hohen Umdrehungszahl Wärme, die sich natürlich auf die geschmackliche Qualität ungünstig auswirkt.

Register